하루만에 매출을 발생시키는

원데이 마케팅
PLAN

HAUM
하움출판사

원데이 마케팅 플렌

지은이 김상욱

1판 1쇄 발행 2018년 4월 6일

저작권자 김상욱

발행처 하움출판사
발행인 문현광
교정교열 조세현
디자인 박현
주소 광주광역시 남구 주월동 1257-4 3층 하움출판사
ISBN 979-11-88461-23-3

홈페이지 http://haum.kr/
이메일 haum1000@naver.com

좋은 책을 만들겠습니다.
하움출판사는 독자 여러분의 의견에 항상 귀 기울이고 있습니다.

하루만에 매출을 발생시키는

원데이 마케팅 PLAN

원데이 마케팅 플랜

하루 만에 온라인마케팅 성공플랜을 이해하고
내일 바로 고객을 만나는 마케팅을 시작하자

지금 우리에게 필요한 건 마케팅이론이 아니라
내일 당장 고객을 만날 수 있는 방법이다.

ONE DAY MARKETING

원데이 마케팅 플랜 개요

원데이 마케팅 플랜은 누구나 쉽게 따라 할 수 있는 온라인 마케팅의 기본 플랜이면서 강력한 마케팅 플랜이기도 하다. 본서의 집필 취지는 온라인 마케팅의 맥을 짚어 초보자라도 쉽게, 그리고 올바른 방법으로 마케팅을 시작하게 하고 즉각적인 매출을 발생시킬 수 있도록 하며 스스로 마케팅 플랜을 업그레이드할 수 있는 능력을 키울 수 있도록 하는 것이다.

1단계 온라인 마케팅 준비 단계

무엇이든 기초가 중요한 법이다. 온라인 마케팅도 기초 지식이 없으면 뿌리가 부실한 나무처럼 항상 이리저리 흔들리게 된다. 경쟁사가 블로그 운영을 해서 사업이 잘된다고 하면 나도 따라 블로그를 하고 카페를 해서 잘된다고 하면 나도 따라 카페를 운영하는 식이다.

1단계에서는 여러분이 온라인 마케터로서 알아야 하는 가장 기본이 되는 마케팅 기초지식을 알려 주어 온라인 마케팅의 전체적인 맥을 짚을 수 있도록 할 것이다. 마케팅의 맥을 짚으면 사업자 스스로 본인의 사업에 맞는 마케팅 플랜을 만들고 실행할 수 있는 능력이 생긴다.

필자가 이 책을 쓰며 가장 중요시 한 부분은 초보자라도 쉽게 그리고 올바른 방법으로 마케팅 활동을 시작하게 하는 것이다.

마케팅 강사를 하고 있는 필자의 경험상 마케팅에 대한 설명이 너무 난해하거나 장황할 경우 초보자들은 마케팅을 시작조차 해 보지 못하거나 중도에 포기해 버리는 경우가 많았다.

그래서 본서에서는 온라인 마케팅의 맥을 짚는 데 필요한 핵심지식 만을 설명할 것이다.

그리고 사업 초기 마케팅을 시작할 때 중요한 점은 잘못된 방법으로 마케팅을 시작하지 않는 것이다. 많은 사업자들이 잘못된 방법으로 마케팅을 진행하여 사업 초기 매출의 상승이 절실함에도 불구하고 매출을 발생시키기 못한다.

스스로 마케팅 플랜을 만들고 성공적으로 마케팅을 진행하는 능력을 키우는 것이 중요한데 1단계에서는 이 모든 것이 가능하도록 마케팅에 필요한 기초 필수 지식을 습득하도록 한다.

2단계 즉각 매출 발생 단계

이 단계에서는 원데이 마케팅 플랜에서 사용할 기본 마케팅 툴인 블로그와 페이스북으로 즉각적인 매출을 올리는 방법에 대해서 알아본다.
많은 마케팅 도구들 중 블로그와 페이스북을 주로 다루는 이유는 블로그와 페이스북의 운영이 온라인 마케팅에 기본이 되는 내용들을 대부분 포함하고 있기 때문이다.

이 단계에서 우리는 블로그, 페이스북 마케팅의 기본을 파악하고 하루만에 즉각적인 매출을 발생시키는 마케팅 방법에 대해 배울 것이다. 그리고 약간의 노력으로 하나의 콘텐츠를 여러 영역에 노출시켜 효과를 배가 시키는 멀티포스팅에 대해서도 배워볼 것이다.

블로그와 페이스북 마케팅을 잘 이해하고 실행하면 이 단계에서 우리는 거의 돈을 들이지 않고 하루 만에 첫 고객을 맞이할 수 있다.

3단계 매출 상승 단계

3단계에서는 약간의 비용으로 폭발적인 반응을 일으킬 수 있는 페이스북 유료 광고에 대해서 배워볼 것이다. 유료 광고라고 해서 돈 놓고 돈 먹기 식의 광고를 말하는 것은 아니다.

페이스북 광고를 이용하면 단돈 1,000원으로 타게팅 된 고객 몇백 명에서 몇천 명에게 내 콘텐츠를 노출시킬 수 있다. 콘텐츠의 질이 좋으면 약간의 비용으로 수만 명에게도 홍보를 할 수 있는 아주 흥미진진한 광고이다.

필자는 마케팅을 게임이라 생각하는데 페이스북 광고를 재미난 유료 게임에 비유할 수 있다. 3단계 과정을 공부한다고 생각하지 말고 게임을 한다 생각하고 흥미를 가지고 따라 해 보길 바란다.
그러면 이 게임은 여러분에게 돈을 벌게 해 주기도 하고 여러분의 사업을 성공에 이르게도 해줄 것이다.

4단계 매출 자유 조절 단계

4단계에서는 성공적으로 세팅 된 광고를 간단하게 핸드폰 터치 한 번으로 켜고 끄면서 매출을 자유자재로 조절하는 방법에 대해서 배워볼 것이다.
여러분은 3단계까지를 거치며 성공적인 마케팅 이벤트를 만들어 낼 수 있는 능력을 갖추게 될 것이다.

4단계에서는 반복, 보완, 추가의 세 과정을 거치게 된다. 많은 수익을 남긴 성공적인 광고는 "반복"적으로 진행을 하고 성과가 미흡했던 광고는 "보완"을 하여 성공적인 광고로 만들도록 한다. 그리고 새로운 마케팅 툴을 연구하고 기존 마케팅 플랜에 "추가"하여 매출을 극대화하는 방법에 대해서 배울 것이다.

온라인마케팅 준비 단계

온라인 매출 상승 비법

책에서는 앞으로 오프라인 마케팅은 배제하고 온라인 마케팅을 위주로 설명을 해 나가도록 하겠다. 그리고 마케팅을 위해 사용하는 블로그나 페이스북과 같은 도구들을 "마케팅 툴" 또는 "마케팅 도구"라는 단어로 표현할 것이다. 그리고 상품이나 서비스를 알리기 위해 만들어진 웹페이지를 "콘텐츠"라 표현할 것이며 성공적인 광고를 위해 기획하는 경품행사나 선착순 할인 판매와 같은 행사를 "이벤트"라 표현할 것이다. 그럼 본격적으로 온라인 마케팅 준비단계에 들어가 보도록 하겠다.

사업자의 가장 큰 과제는 매출 증대이다. 그렇다면 온라인상에서 매출을 올리려면 어떻게 해야 할까?
바로 답을 찾아 내기에는 막막한 느낌이 있다. 어떤 문제를 풀 때 문제를 잘게 쪼개어 분석해 보면 답을 쉽게 찾을 수 있다.
온라인상에서의 매출은 어떠한 요소들로 이루어져 있는지 쪼개어 보고 쪼개어진 각각의 요소들을 상승시켜 매출을 상승시킬 수 있다. 그렇다면 온라인상에서의 매출은 어떤 요소들로 이루어져 있는 지 알아 보도록 하자.

$$매출 = 판매수 \times 상품\ 단가$$

매출은 판매수와 상품 단가의 곱으로 표현할 수가 있다. 그런데 온라인 마케팅에서는 판매수, 상품 단가라는 말 대신 전환수, 객단가라는 말을 많이 쓴다. 온라인 마케팅을 하는 우리는 이러한 단어에 익숙해질 필요가 있다.

판매수를 전환수라 표현하는 이유는 이러하다. 우리가 온라인에서 홈페이지를 활용하여 운동화를 판매한다고 가정해 보자. 홈페이지에서 운동화의 결제가 한번 이루어지면, 우리는 이것을 한 개의 판매라고 본다. 하지만 어떤 업종의 경우 판매에 대한 정의를 다르게 내려야 할 경우가 있다.

예를 들어 성형외과와 같은 곳은 고객이 여러 차례 병원을 방문하여 상담을 한 후 결제가 이루어질 것이다. 결제가 이루어지는 날에 판매수를 카운트하면 되겠지만 방문부터 결제까지의 시간이 일정하게 정해져 있지 않아 단기간의 광고 성과를 분석하는 데에 문제가 발생하게 된다. 이런 경우에는 상담 예약이나 방문 예약 자체를 판매라고 정의하고 광고의 성과를 분석할 필요가 있다.

위와 같이 광고의 성과 분석을 위해 사업자마다 판매에 대한 정의를 다르게 내릴 수 있으므로 판매라는 말 대신 전환이라는 표현을 쓴다. 실제 홈페이지의 방문자를 분석하는 도구인 로그분석기에서도 전환이라는 단어를 사용하고 있다.

상품 단가라는 말도 객단가라는 말로 표현을 하는데 객단가란 "고객이 1회 구매 시 평균 결제하는 금액"을 뜻한다. 고객이 온라인에서 어떤 상품을 구매할 때 판매자가 추천하거나 관련이 있는 상품을 함께 구매하는 경우가 있다. 그러므로 "한 가지 상품의 가격"이라는 의미를 가진 "상품 단가"라는 말 대신 "객단가"라는 단어를 사용한다. 전환수와 객단가로 매출을 다시 표현하면 아래와 같은 수식이 된다.

$$\text{매출} = \text{전환수} \times \text{객단가}$$

매출 상승을 위해 매출을 정의해 보긴 했지만 아직 어떻게 전환수와 객단가를 올려야 할지 감이 오지 않을 것이다. 조금만 더 잘게 쪼개어 분석해 보면 답이 보일 것이다. 전환수를 아래와 같이 더 쪼개어 표현해 볼 수 있겠다.

$$\text{전환수} = \text{유입수} \times \text{전환율}$$

유입수라는 말은 우리 홈페이지에 유입된 사람의 수를 말하는 것이고 전환율이라는 말은 유입된 사람이 상품을 구매하는 비율을 뜻한다. 유입수와 전환율을 이용해 매출을 다시 표현하면 다음과 같은 수식이 된다.

$$\text{매출} = \text{유입수} \times \text{전환율} \times \text{객단가}$$

위와 같이 매출을 표현해 보니 매출의 속성이 드러나고 매출을 올리기 위해 유입수, 전환율, 객단가를 각각 상승시키면 된다는 결론에 이를 수 있다.

매출이 어떤 요소로 이루어져 있는지를 알아보았으니 이제 매출 상승을 위해 유입수, 전환율, 객단가를 올리는 마케팅 활동을 시작하면 된다. 그렇다면 각각의 요소들을 어떠한 방법으로 상승시킬 수 있는지 알아보도록 하자.

유입 마케팅과 전환 마케팅

매출을 올리기 위해 유입수, 전환율, 객단가를 올려야 한다는 것은 알게 되었지만 어떤 마케팅 활동을 어디서부터 시작해야 할지는 아직 막막하다. 마케팅을 시작하기 위해 온라인 마케팅이란 것도 어떤 요소로 이루어져 있는지 좀 더 잘게 쪼개어 분석해 보도록 하자.

위 그림은 홈페이지를 기준으로 고객을 홈페이지로 유입시키는 일련의 작업들을 유입 마케팅이라 칭하고 홈페이지로 유입된 고객을 전환 시키는 일련의 작업들을 전환 마케팅이라 표현한 그림이다.
매출 향상을 위해 온라인 마케팅을 진행하려면 유입 마케팅과 전환 마케팅을 각각 진행해야 한다. 유입 마케팅에 대해서는 2단계부터 자세히 배울 예정이니 먼저 전환 마케팅에 대해서 알아보도록 하자.

전환 마케팅이란 홈페이지로 유입된 고객들이 상품을 쉽게 결제하도록 하고, 한꺼번에 많은 상품을 결제하도록 하며, 재구매를 유도하는 일련의 마케팅 활동들을 말한다. 이를 위해 우리는 아래와 같은 요소들을 점검해 볼 필요가 있다.

전환 시나리오

전환 시나리오란 홈페이지에 방문한 고객이 상품을 쉽게 구매할 수 있도록 돕는 일종의 안내도이다.

고객은 우리 홈페이지의 어떤 페이지로도 방문이 가능한데 사업자는 고객이 어떠한 페이지로 방문을 하더라도 방문한 고객이 보다 쉽게 그리고 더 많이 상품을 구매 하도록 유도하는 동선을 구축해야 한다.

고객이 접근하는 페이지를 랜딩 페이지라 부른다. 랜딩 페이지에서는 상품에 대해 최대한 상세히 설명하여 고객이 고민하지 않고 상품을 구매하도록 해야 한다. 이때 상품 구매에 대한 확신을 심어 주기 위해 구매후기를 보여 줄 수 있다.

그리고 관련이 있는 상품들은 랜딩 페이지 내에 함께 배치하여 한 번에 여러 상품을 구매하도록 유도해야 한다. 또한 구매에 대해 고민을 하는 고객을 위해서는 다음 방문 시 구매를 할 수 있도록 장바구니 기능을 만들어 장바구니에 물건을 담아 놓을 수 있도록 하고 구매를 독려하기 위해 할인행사 등의 메시지도 보내야 한다.

고객이 상품을 구매하는 데 불편함이 없도록 항상 고객의 입장에서 전환 시나리오를 연구하는 자세가 필요하다 하겠다.

상품 구성

효과적인 상품 구성과 배치는 객단가를 올리는 데 중요한 역할을 한다.

우리가 겨울 방한용품을 파는 쇼핑몰을 운영한다고 가정해 보자. 겨울에 스키장을 가기 위해 겨울 양말을 사려고 홈페이지에 방문한 손님은 겨울 양말을 사며 여러 가지 방한용품을 추가로 구매할 가능성이 있다.

이런 경우를 대비하여 겨울 양말을 소개하는 페이지의 하단이나 옆에 겨울 방한용품들을 함께 소개한다.

그리고 함께 구매할 경우 약간의 할인을 해 준다는 메시지를 보여주어 양말과 장갑을 함께 구매하도록 유도할 수 있다. 마침 고객이 겨울 장갑을 추가로 구매할 계획을 가지고 있었다면 고객은 장갑을 양말과 함께 구매하여 객단가는 상승하게 된다. 객단가 상승을 위해 묶음판매, 선착순 할인 이벤트 등을 지속적으로 만들어 낼 필요가 있다.

상품 단가

매출 상승에 가장 직접적인 영향을 주는 요소는 상품 단가일 것이다. 매출을 올리기 위해 상품 단가를 올리는 것이 가장 쉬운 방법이지만 상품 단가를 올리면 판매율이 저하된다. 상품 단가를 상승시키기 위해서는 경쟁상품 분석, 시장분석 등이 전제되어야 한다.

상품의 가격이 싸다고 무조건 상품이 잘 팔리는 것은 아니다. 그리고 상품이 비싸다고 팔리지 않는 것도 아니다. 브랜드 이미지를 향상시켜 상품 단가를 올릴 수 있다. 실제 소비자는 가격이 높더라도 브랜드를 믿고 상품을 구매하는 경우가 많기 때문이다.

고객 행동 분석을 통한 홈페이지 개선

로그분석기나 페이스북 픽셀과 같은 장치를 홈페이지에 설치하여 이용하면 홈페이지 방문자의 행동 패턴을 분석할 수 있다. 우리는 이러한 장치들을 통해 얻은 데이터로 고객의 행동 패턴을 분석하여 전환 마케팅을 위한 자료로 쓸 수 있다.

로그분석기와 페이스북 픽셀을 대형마트에 설치에 놓은 CCTV라 생각하면 이 장치들을 이해하기 쉽다. 우리는 CCTV(로그분석기, 페이스북 픽셀)를 통해 고객이 언제 우리 매장(홈페이지)에 들어와 어떠한 곳을 방문했으며(어떤 상품 페이지를 보았으며), 상품을 장바구니에 담았는지, 장바구니에만 담고 결제는 하지 않았는지 등의 행동정보를 파악할 수 있다. 이렇게 얻은 데이터를 분석하여 홈페이지를 지속적으로 개선해 나가야 한다.

고객 관리

고객 관리란 우리 상품을 구매했거나 홈페이지에 방문했던 고객에게 새로운 상품의 소식을 전하거나 재구매 독려를 위해 이메일 전송, 전화상담, 문자 메시지 발송, 쿠폰 발행 등의 일련의 마케팅 활동을 하는 것을 말한다.
모두가 고객 관리의 중요성에 대해서 알고는 있으나 고객 관리를 열심히 하는 업체는 그렇게 많지 않다.
자주 방문하는 매장에서 생일이나 기념일에 예쁜 손편지를 보내온다면 여러분은 그 매장을 다시 찾지 않겠는가? 고객 관리의 개념을 모르는 사업자는 없을 것이다. 고객 관리라는 액션을 당장 취하고 지속적으로 진행하는 것이 중요하다.

리마케팅 광고

리마케팅 광고란 홈페이지에 한 번 이상 방문했던 손님을 대상으로 다시 광고를 진행하는 것을 말한다. 홈페이지에 한 번 이상 방문을 했던 고객은 이미 우리 제품이나 회사에 관심을 가지고 있는 고객으로 이런 고객들을 대상으로 광고를 하면 광고 비용이 현저히 줄어든다.
리마케팅은 마케팅 툴에서 제공하는 추적장치를 홈페이지에 설치하여 진행이 가능하다. 대표적인 추적장치에는 페이스북 픽셀이 있다. 이 부분은 3단계에서 자세히 알아보도록 하겠다.

전환 마케팅과 홈페이지 세팅

우리가 옷을 파는 오프라인 매장을 오픈 한다고 가정해 보자. 우리는 마케팅에 앞서 가장 먼저 매장을 준비해야 한다. 그리고 상품 판매대에 상품을 진열하고 결제에 필요한 카드 결제기, 가게를 홍보하는 간판, 안내를 도와줄 점원 등을 차례로 세팅해야할 것이다.

온라인에서의 매장은 홈페이지이다. 우리가 온라인 사업을 준비 중이라면 홈페이지를 가장 먼저 준비해야 한다. 홈페이지는 전환이 이루어지는 중요한 장소로 홈페이지가 제대로 준비되어 있지 못하면 온라인 마케팅 전체가 수포로 돌아갈 수 있다.

유입 마케팅에 앞서 전환 마케팅을 위한 홈페이지 세팅을 치밀하게 해야 한다. 전환 마케팅을 위해서는 회원가입, 장바구니담기, 예약, 결제 등의 많은 기능들이 필요하다. 하지만 편하다는 이유로 블로그나 카페를 홈페이지 대용으로 사용하는 사람들이 많다. 블로그나 카페를 홈페이지 대용으로 사용할 경우 어떠한 장단점들이 있는지 생각해 보도록 하자.

카페를 홈페이지 대용으로 사용하는 경우

<table>
<tr><td>장점</td><td>· 개설 및 운영이 쉽다
· 비용이 들지 않는다</td><td>· 카페 검색 결과에 노출된다
· 커뮤니티 형성에 용이하다</td></tr>
<tr><td>단점</td><td>· 로그분석이 불가능하다
· 리마케팅이 불가능하다</td><td>· 기능 확장이 불가능하다
· 고객 정보가 제한적이다</td></tr>
</table>

카페 운영의 가장 큰 장점은 초기 개설이 쉽다는 점이다. 몇 번의 클릭으로 카페 개설이 가능하며 모든 기능은 관리자 모드에서 쉽게 세팅이 가능하다.

그리고 제작 및 서버 임대 등의 비용이 들지 않는다는 것과 카페 내에 작성된 글이 카페 글, 이미지, 동영상 검색 결과에 노출이 되어 비지니스 홍보 효과를 누릴 수 있다는 것도 장점이다.

하지만 이에 비해 단점도 많다. 우선 마케팅을 위한 로그분석에 한계가 있다. 관리자 모드에서 통계자료가 제공되긴 하나 여기서 제공되는 통계자료는 마케팅을 위한 자료로 활용하기에 부족하다. 그리고 리마케팅을 위한 추적 도구를 설치할 수 없어 광고비를 획기적으로 줄일 수 있는 리마케팅 광고가 불가능하다.

그리고 필요한 기능이 있을 경우 확장이 불가능하여 그 기능에 제한이 있다. 고객 정보의 경우도 이메일, 연령 정도로 포털사이트가 정해 놓은 범위 내에서만 고객정보를 받을 수 있다. 마케팅에 중요한 전화번호, 주소 등의 고객 정보를 수집하는 데 한계가 있다.

필자는 커뮤니티가 필요한 특수 업종을 제외하고는 개인적으로 홈페이지를 제작하여 온라인 마케팅을 진행하라고 권유하고 싶다. 홈페이지는 제작비용이 들기는 하나 사업자가 원하는 기능을 언제든지 추가할 수 있고 원하는 고객정보를 얻을 수 있으며 광고비를 획기적으로 줄일 수 있는 리마케팅 광고 등이 가능하기 때문이다.

블로그를 홈페이지 대용으로 사용하는 경우

블로그를 홈페이지 대용으로 사용할 경우의 장단점은 카페의 경우와 비슷하다. 블로그는 그 기능이 카페와 비교해 더 제한적이어서 블로그를 홈페이지로 이용할 경우에는 더욱더 신중을 기해야 한다.

블로그 운영으로는 고객과 원활한 소통을 할 수가 없다. 블로그를 개인형 홈페이지라 부르는 이유도 여기에 있다. 요즘 시대에는 마케팅을 위해 고객과의 소통이 아주 중요하다. 블로그에서 고객은 단지 댓글이나 공감을 통해서만 의사를 표현하는 게 전부여서 블로그 운영으로 고객과 소통을 하는 것에는 한계가 있다.

온라인 마케팅에 있어 홈페이지는 아주 중요한 역할을 한다. 단지 유지비용이 적게 들고 관리가 편하다는 이유만으로 카페나 블로그를 홈페이지 대용으로 사용해서는 안 되겠다.

영역별 검색 결과와 공략 방법

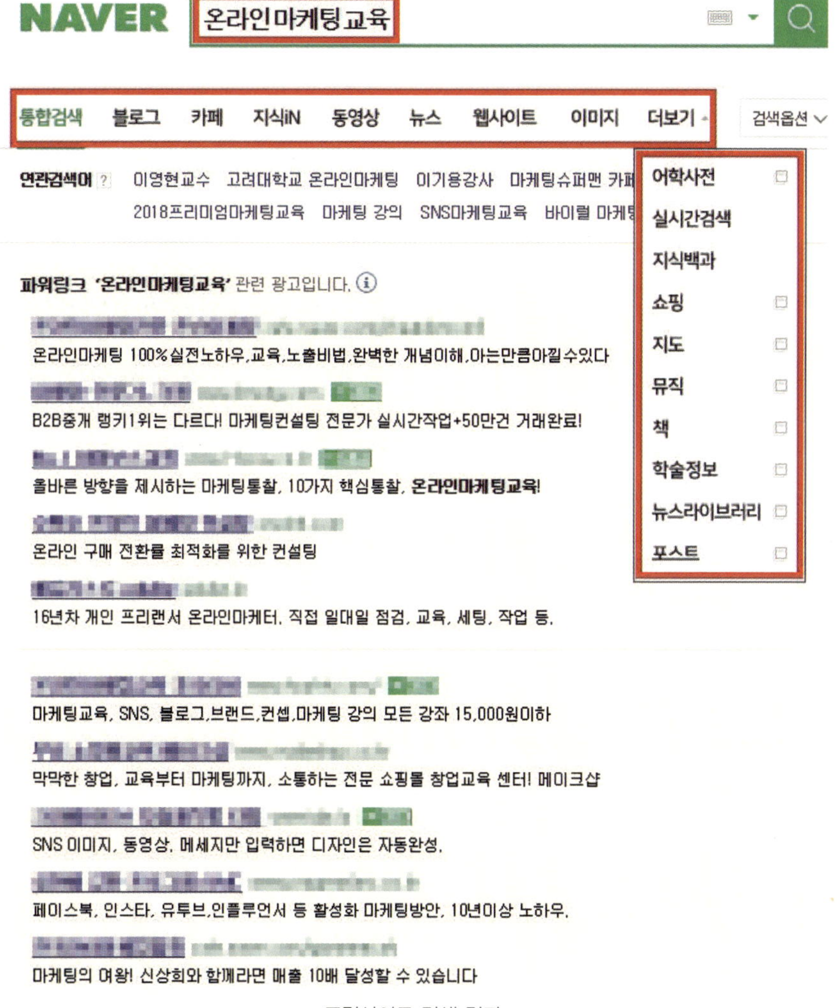

포털사이트 검색 결과

온라인 마케팅은 우리의 상품이나 서비스가 고객에게 얼마나 많이 노출되는
지에 그 성패가 달려 있다. 고객들은 상품에 대한 정보를 보기 위해 다음이나
네이버와 같은 포털사이트에 방문한다. 그렇다면 포털사이트에 우리의 상품을
노출시킬 수 있는 영역에는 무엇이 있는지 이해할 필요가 있다.

우리가 포털사이트에서 어떠한 키워드로 검색을 하게 되면 검색 결과가 나오
는데 이 검색 결과에는 여러 영역이 존재한다.
검색 결과 첫 페이지 가장 상단에는 포털사이트에 유료 광고 중인 업체들의
광고가 노출되고 상단 탭을 클릭하면 블로그, 카페, 포스트, 웹사이트, 지식in
등의 검색 결과로의 이동이 가능하다.

블로그, 카페, 포스트, 웹사이트 검색 결과 영역은 각각을 운영함으로써 검색
결과에 노출이 되고 이미지, 동영상 영역에는 블로그, 카페에 글 작성 시 업로
드 하는 이미지와 동영상 파일이 노출된다.

여기서 주목할 점은 검색 사용자들이 검색 결과 첫 페이지에 있는 광고를 클
릭하는 비율이 불과 1~2% 정도밖에 되지 않는다는 점이다.
이 말은 검색 사용자들이 키워드 검색 후 거의 대부분 블로그, 카페, 지식인,
이미지, 동영상 등의 정보를 보기 위해 해당 검색 영역으로 이동한다는 것이
다. 그 이유는 검색 사용자들은 업체들의 상업적 내용이 담긴 정보보다 사람
들의 솔직한 후기를 더 보고 싶어 하기 때문이다.

우리가 블로그 마케팅을 한다는 것은 검색 사용자들이 후기를 보기 위해 블로
그 영역에 방문한다는 것을 알고 블로그 포스팅을 하여 검색 결과에 미리 우
리 상품이나 서비스 정보를 노출시켜 홍보에 이용한다는 것이다. 각각의 영역
에 가능한 많이 우리의 상품을 노출시키는 것이 중요하다 하겠다.

사업 성장 단계별 마케팅 방법

마케팅 툴은 제각기 장단점이 있어 사업의 성장 단계별로 마케팅을 달리 진행해야 한다. 사업 성장 단계를 창업, 성장, 성공의 세 단계로 나누고 각각의 단계에서 진행해야 하는 마케팅에 대해서 알아보도록 하겠다.

창업 단계

창업 단계에서 고객은 우리 회사나 상품에 대한 정보가 전혀 없어 홈페이지에 방문할 수 없다. 따라서 창업 단계에서는 온라인 매출도 전혀 일어나지 않는다. 이 단계에서는 단기간에 타겟 고객을 홈페이지에 유입 시키는 것이 중요한데 이를 위해 키워드 검색 결과를 활용하는 것이 좋다.
다음, 네이버와 같은 포털사이트에 키워드 검색 결과를 해서 구매의향이 높은 고객을 홈페이지에 유입시켜 단기간에 매출을 올려야 한다. 또한 3단계에서 배울 상세 타게팅과 리마케팅에 효과적인 페이스북 유료 광고를 집행한다.

보통의 사람들은 창업 후 마케팅을 시작한다. 상품의 질이 좋으니 어떻게든 잘 팔릴 것이라 착각을 한다. 하지만 실제 온라인상에서 제품을 팔아보면 상황이 녹록지 않다는 것을 알 수 있다. 창업 후 즉시 매출이 오르지 않으면 자본이 넉넉하지 않은 사업자들은 당장에 위기를 맞는다.

필자는 창업 전에 비지니스에 필요한 고객을 미리 확보하라고 조언한다. 창업 전이라면 느긋하게 마케팅을 진행할 수 있다. 되도록이면 충분한 시간을 가지고 블로그, SNS와 같은 마케팅 도구들을 활용하여 잠재 고객을 확보해 놓는 것이 좋다.

마케팅의 효과를 보기 위해서는 최소 6개월 정도의 준비기간이 필요하므로 창
업을 준비하는 시점에서 마케팅 계획을 세우고 마케팅을 미리 시작하는 것이
좋다.

성장 단계

성장 단계에서 우리는 키워드 검색 결과와 블로그, SNS 마케팅 등을 이용한
바이럴 마케팅을 더욱 더 적극적으로 진행해야 한다. 성장 단계 마케팅활동의
중요한 포인트는 바이럴 마케팅과 리마케팅 광고를 강화하여 유료 광고비를
최대한 줄이는 것이다.

리마케팅 광고란 광고를 보고 홈페이지에 한번 이상 방문한 고객을 상대로 다
시 광고하는 것을 말한다. 리마케팅 광고를 진행하면 광고비를 최소 2배~10배
까지 줄여 나갈 수 있다. 뒤에 배우게 될 페이스북 픽셀을 이용한 광고가 대표
적인 리마케팅 광고라 할 수 있다.

바이럴 마케팅을 강화하고 리마케팅 광고를 진행하기 위해서는 마케팅 툴을
자유자제로 다룰 수 있는 마케터의 역량이 필요하다.

성공 단계

성공 단계에서 우리가 할 일은 매출 극대화를 위해 잠재 고객, 즉 아직 내 상
품에 관심을 가지고 있지는 않으나 살 확률이 높은 고객을 적극적으로 유치하
는 것이다.
잠재 고객을 확보하는 대표적인 광고로는 포털사이트 배너 광고, 페이스북 잠
재 고객 확보 광고 등이 있다.
그리고 이 단계에서는 마케팅 툴의 종류를 다양화 하여 성공단계를 안정적으
로 유지하는 것이 중요하다. 새로운 마케팅 툴에 대한 연구와 사용으로 매출
의 안정화와 극대화를 노려야 한다.

검색 엔진 상위 노출 로직 분석법

마케팅이 성공하기 위해서는 많은 웹영역에 우리의 상품이 최대한 많이 노출되어야 한다.

그래서 우리는 사람들이 많이 방문하는 네이버나 다음, 구글과 같은 포털사이트에 주목할 필요가 있다.
포털사이트는 상품이나 서비스에 대한 정보를 알아보기 위해 고객들이 가장 많이 방문하는 사이트이기 때문이다.

고객이 포털사이트에 방문하여 검색창에 해당 상품을 키워드로 검색을 하면 검색 결과에 많은 정보가 보여 진다. 상품을 알리기 위해 우리는 우리가 제작한 콘텐츠를 검색 결과 상단에 노출시키는 방법에 대해 알 필요가 있다.

웹 제작에 대한 비용이 낮아지면서 요즘은 일반적인 홈페이지에도 대부분 검색 기능이 탑재되어 있다. 검색에 대한 이해는 단순히 상위 노출을 시키기 위한 방법을 넘어 온라인 마케팅의 개념을 잡기 위한 기본 지식이라 할 수 있겠다.

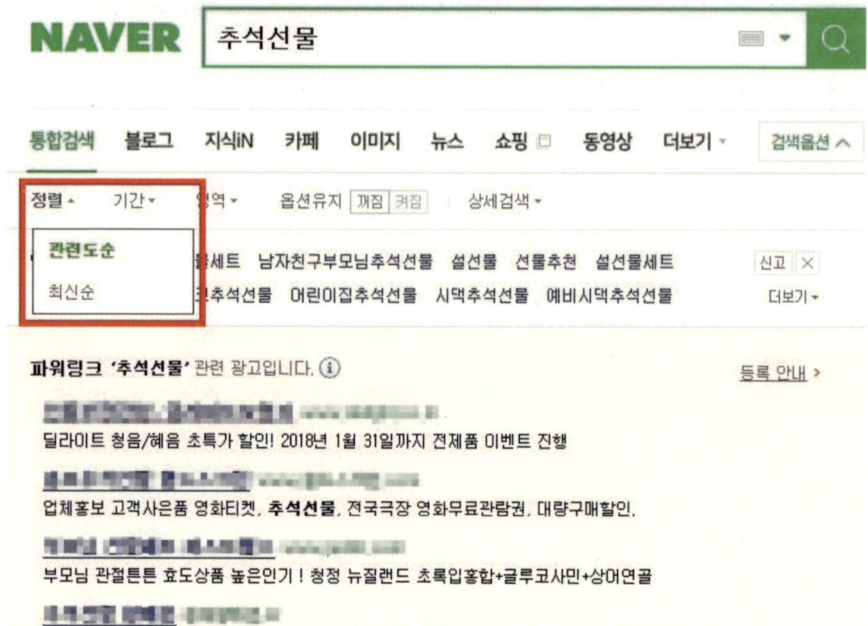

검색 엔진이란?

검색 엔진이란 인터넷상에 떠도는 방대한 정보 중 검색 사용자가 원하는 정보를 쉽게 찾도록 도와주는 소프트웨어를 뜻한다. 검색 엔진은 사이트 내에 수많은 정보 중 검색 사용자가 입력한 검색 키워드와 가장 관련이 있는 정보를 관련도순 또는 최신순으로 나열해 보여 준다.

이런 검색 엔진은 온라인 쇼핑몰, 공공기관 사이트, 다음, 네이버와 같은 포털사이트 등 여러 사이트에 탑재되어 있다. 이 검색 엔진은 사람이 하는 일을 대신해 주기에 검색 로봇이라 부르기도 한다.

검색 로직이란?

로직(logic)이란 논리라는 의미이다. 검색 로직이란 검색 엔진의 논리 즉, 검색 엔진이 어떠한 글을 상위에 노출시킬지를 결정하는 데 필요한 논리 요소들을 뜻한다.

검색 로직의 변천사

최신성 → 용량 → 성실성 → 전문성

검색 엔진은 어떤 글을 상위에 노출시켜 주기 위해서 콘텐츠마다 점수를 매기고 점수가 높은 콘텐츠를 검색 결과 상단에 노출시켜 준다. 이때 점수를 매기는 항목은 여러 가지로, 검색 엔진이 진화할수록 이 항목의 개수가 많아지고 각각의 항목에 대한 가중치도 달라진다.

블로그 검색 결과 영역을 예로 들어 검색 엔진에 대해 설명하겠다. 포털사이트가 생겨나고 블로그 서비스를 만든 초창기에는 검색 로봇이 선별해 낼 블로그 글의 양이 그리 많지 않았다. 이 당시에 검색 로봇은 최신성에 무게를 두어 검색 결과를 보여 주었다. 최신성이란 최근에 올라온 글에 상위 노출 점수를 더 준다는 의미이다.

이렇게 초창기에는 검색 키워드를 제목과 내용에 어느 정도 넣어, 글을 쓰기만 해도 검색 결과 상위에 노출이 되었다. 하지만 이런 로직이 세상에 알려지면 이를 상업적으로 이용하는 사람들에 의해 검색 결과의 질이 떨어지기 시작한다.
사업자들이 비지니스 홍보를 위해 정보성이 없는 홍보성 콘텐츠를 많이 만들어내어 검색 결과 상위에 마구 노출시키기 때문이다. 그러면 어느새 검색 결과는 홍보성 글로 채워진 광고판으로 변하고 만다.

검색 로봇의 최대 임무는 검색 사용자들에게 검색 키워드와 관련된 가장 "양질의 정보"를 찾아서 보여주는 것이다.

검색 결과 상위에 노출시키기 위해 홍보성으로 제작된 글은 양질의 정보가 될 가능성이 적다. 로봇이 홍보성 콘텐츠로 채워진 검색 결과를 검색 사용자들에게 보여주면 검색 사용자들은 해당 포털사이트에 실망하고 더 이상 사이트를 방문하지 않아 사이트는 위기를 맞게 된다.

바로 이럴 때 검색 엔진의 로직이 업그레이드 된다. 검색 로봇은 다음에 어떤 형태로 업그레이드 되었을까? 검색 엔진은 최신성에 대한 가중치를 줄이고 글의 용량에 가중치를 더 많이 두기 시작했다. 용량, 즉 사진, 동영상 등이 들어간 글은 정보성이 더 뛰어나다고 판단하고 최신성에 대한 가중치를 낮추고 용량에 대한 가중치를 높인 것이다.

하지만 이런 로직을 파악한 사람들이 글에 사진과 동영상을 마구 넣어 또다시 홍보성 콘텐츠를 만들어 내기 시작하였다. 또다시 로직을 파악해 이를 악용하는 사람들 때문에 검색 결과는 엉망이 되었고 로봇은 다시 업그레이드되었다.

다음에 로봇은 글을 올리는 사람들이 성실성에 가중치를 두어 검색 결과를 보여주게 되었다. 블로그를 성실히 운영하는 사람들이 생산한 글은 양질의 글일 것이라 판단한 것이다.

블로그 운영기간이 길고 총 포스팅 수가 많으며 블로그 방문자들의 반응도(양질에 글에 사람들이 댓글, 공감, 스크랩 등으로 반응하는 것)가 좋은 블로그의 운영자가 글을 쓰면 해당 글을 검색 결과의 상위에 노출시켜주었던 것이다.

하지만 이러한 로직도 이내 악용이 되었다. 성실성을 인정받은 블로그를 이용하여 상업적 홍보를 해 주는 대행사들이 생겨나기 시작했던 것이다.

그래서 최근 진화된 로봇들은 전문성에 점수를 더 주도록 로직이 변경되었다. 즉, 일관성 있게 한 주제로 글을 쓰는 블로거의 글을 상위에 노출시켜 주는 것이다.

여기까지 간단하게 검색 로직이 업그레이드된 배경과 과정에 대해 설명하였다. 이 내용은 특정한 검색 로봇에 대한 설명이 아니라 일반적인 검색 로봇에 대한 설명이다. 사이트 마다 검색 로봇의 성격은 다르고 그 수준도 각각 다르다.

상위노출 로직을 분석하는 방법은 간단하다. 가장 상위에 링크된 글을 분석해 보는 것이다. 가장 상위에 있는 글과 해당 블로그를 분석하다 보면 어느 정도의 로직을 파악할 수 있다.

변하지 않는 로직

위와 같이 로직이 변해 왔지만 변하지 않는 로직들이 있다. 검색 키워드와 글의 연관성을 결정짓는 최소한의 조건들이다. 글과 키워드의 관련도를 높이려면 글의 제목과 내용에 키워드가 들어가 있어야 한다. 이것이 변하지 않는 첫 번째 로직이다.

그리고 사진과 동영상이 있는 글은 없는 글에 비해 정보성이 뛰어난 양질의 글로 판단이 되어 상위 노출에 유리하다. 이미지와 동영상을 포스팅 시 첨부하면 글의 용량이 늘어나는데 로봇은 용량이 높은 글을 정보성이 있는 글이라 인지한다. 용량에 대한 점수 비중이 줄어들 수는 있으나 사진과 동영상은 정보성에 있어 중요한 요소이므로 글 작성 시 사진과 동영상을 되도록 많이 첨부하는 것이 좋다. 이것이 변하지 않는 두 번째 로직이다.

그리고 기본적인 텍스트가 콘텐츠 내에 존재해야 한다. 텍스트가 없으면 정보성이 없다고 판단되기 때문이다.

결론

로직은 사용자나 다른 로봇의 공격을 받으면 진화한다. 똑똑한 검색 로봇은 로직의 수가 이미 몇백 개가 된다고 한다. 즉, 일반인이 이런 로직을 파악하는 것은 불가능 하다는 것이다.

상위 노출에만 매달려 마케팅을 하면 로직이 변하는 순간 이미 상위 노출되었던 글은 변한 로직에 의해 검색 순위에서 뒤로 밀려난다. 이런 이유로 상위 노출을 위해 마케팅을 진행하면 로직이 변할 때 마다 매출이 좌지우지 된다. 지금도 많은 사람들이 무료 홍보를 위해 블로그, 카페 글 등을 상위에 노출시키는데 많은 시간과 돈을 낭비하고 있다.

가장 확실한 로직 공략법은 검색 로봇은 "정보성이 뛰어난 양질의 글을 상위에 노출시킨다."라는 것을 명심하고 로봇이 좋아하고 검색 사용자들이 선호하는 양질의 글을 생산해 내는 것이다.

사업자 검색 키워드 선별법

키워드(검색어)는 고객과 내 비지니스를 연결해주는 단어로 검색 사용자가 확실한 목적성을 가지고 입력하는 단어이다. 사업자는 본인의 사업과 고객과의 접점을 만들기 위해 고객들이 어떠한 검색 키워드로 우리 비지니스에 접근하는지 알아야 한다.

키워드의 파악은 키워드 검색 결과, 블로그, 카페, SNS운영 등 마케팅 전반에 있어 중요한 역할을 한다. 사업자는 사업과 관련된 키워드를 선별하여 이를 마케팅에 활용해야 한다.

대형 키워드와 소형키워드

키워드를 대형과 소형으로 나누어 보도록 하자. 대형과 소형 키워드는 검색 사용자들의 조회수로 구분 한다.

조회수란 검색 사용자들이 한 달 동안 해당 키워드로 포털사이트에 조회한 수를 말하며, 조회수가 많은 키워드를 대형 키워드라 칭하고 조회수가 적은 키워드를 소형 키워드라 칭하고 설명을 이어 가겠다. 이렇게 키워드를 종류별로 나누는 것은 조회수가 많고 적음에 따라 키워드의 장단점이 있어, 조회수별로 분류하여 마케팅에 활용해야 하기 때문이다.

카메라>DSLR, 디지털카메라>삼성디지털카메라>삼성NX300

카메라의 경우 모바일에서 월 조회수가 4~5만 건 정도이고, 삼성NX300과 같은 특정 상품은 조회수가 1~2천 건 정도이다. 삼성전자에게 카메라라는 단어는 대형 키워드, 삼성NX300이란 단어는 소형 키워드라 할 수 있겠다.

지역 키워드

부산 세탁기청소

부산에서 세탁기 청소업을 하는 사업자가 있고 이 사업자는 부산에 사업장을 두고 직원 없이 혼자서 사업을 진행하고 있어 강원도와 같은 먼 지역으로는 출장을 갈 수 없다고 가정해 보자. 그러면 이 사업자의 경우 세탁기청소라는 대형 키워드 앞에 지역명을 붙인 키워드로 광고를 해야 한다. 아래와 같이 출장이 가능한 지역이 사업자의 지역 키워드가 되는 것이다.

부산, 양산, 김해, 거제, 통영, 창원, 마산, 울산, 대구,
경주, 밀양, 진해, 진주 + 세탁기청소

고객들은 세탁기 청소 업체를 찾을 때 본인이 살고 있는 동네 근처의 업체를 찾고자 할 수도 있다. 거주하고 있는 구나 동에 "세탁기청소"라는 단어를 붙여 검색을 할 수 있기에 지역 키워드를 아래와 같이 더욱 확장할 수가 있다.

부산 중구, 부산 서구, 부산 동구, 부산 영도구, 부산 진구, 부산 동래구, 부산 남구,
부산 북구, 부산 해운대구, 부산 사하구, 부산 금정구, 부산 강서구, 부산 연제구,
부산 수영구, 부산 사상구 + 세탁기청소

외래어 키워드

세부(104,800건) / CEBU(1,580건) / 새부(820건)
마케팅(48,200건) / Marketing(2,370건)/ 마캐팅(80건)

외래어의 경우 검색 사용자들은 표준 외래어를 몰라 표준 외래어와 다르게 여러 단어로 검색을 하는 경우가 많다. 검색 사용자들은 위와 같이 여러 단어로 검색을 할 수가 있는데 실제 각각의 외래어 별로 무시 못 할 조회수들이 나온다. 사업자는 각각의 단어를 모두 마케팅에 활용해야 한다. 포털사이트에 검색을 해 보면 각각의 키워드로 여러 업체들이 이미 광고를 하고 있음을 확인할 수 있다.

오타 키워드

위에 조회수를 보면 아마 실소를 지을 것이다. 사람들은 베개와 같은 단어의 철자를 헛갈려 하는 경우가 많다. 실제 오타로 친 키워드의 조회수가 엄청나다는 것을 알 수 있다. 오타 키워드 역시 사업자가 공략해야 할 키워드이다.

키워드 조합

필자가 운영하는 온라인마케팅스쿨이 부산에서만 마케팅 교육을 한다고 가정해 보자. 아래와 같이 대형, 소형, 지역 키워드를 생각해내어 마케팅스쿨이 몇 개의 키워드를 공략해야 하는지 계산해 볼 수 있다.

지역 키워드(13개): 부산, 양산, 김해, 거제, 통영, 창원, 마산,
울산, 대구, 경주, 밀양, 진해, 진주
대형 키워드(6개): 블로그 마케팅, 바이럴 마케팅, SNS 마케팅,
페이스북 마케팅, 온라인마케팅, 웹마케팅
관련 키워드(4개): 교육, 강의, 수업, 강좌

부산과 부산 주변지역에 사는 사람들이 마케팅스쿨의 고객이 될 수 있다. 그리고 블루스톰즈에서 강의하는 내용, 즉 대형 키워드는 6개이고 교육, 강의, 수업, 강좌 등의 관련 키워드를 생각해 볼 수 있다. 위와 같이 예상되는 키워드를 곱해 보면 아래와 같이 공략해야할 키워드의 개수가 나온다.

지역 키워드 13 × 대형 키워드 6 × 관련 키워드 4 = 312개

그리고 아래와 같이 키워드의 순서를 바꾸게 되면 더 많은 공략 키워드가 나오게 된다.

부산 블로그 마케팅 강의 → 부산강의 블로그 마케팅

대형 키워드와 소형 키워드의 장단점

카메라>DSLR/디지털카메라/폴라로이드>삼성디지털카메라>삼성NX300

어떤 사람이 카메라를 한 대 장만하기 위해 검색을 한다고 가정해 보자. 이 사람은 카메라에는 어떤 종류가 있는지 알아보기 위해 우선 "카메라"라는 키워드로 검색을 할 것이다. 카메라의 종류에는 DSLR, 디지털카메라, 폴라로이드가 있는 것을 확인하고 각각의 단어로 검색을 하며 어떤 종류의 카메라가 본인에게 적합한지 알아볼 것이다.

만약 디지털카메라가 본인에게 적합하다는 결론을 내렸다면 다음은 브랜드를 선택하기 위해 디지털카메라라는 단어로 검색을 해 볼 것이다. 검색을 하며 삼성의 브랜드가 믿을만하다고 판단을 했다면 다시 "삼성디지털카메라"라고 검색을 하여 삼성의 다양한 디지털카메라 중 한 가지 상품을 선택하려 할 것이다. 그리고 최종적으로 NX300이라 검색을 하고 이 제품의 가격비교를 하기 시작한다.

여기서 카메라는 삼성전자에게는 대형 키워드이고 NX300은 소형 키워드이다. 이런 대형 키워드와 소형 키워드의 장단점은 무엇인지 생각해 보도록 하자.

	대형 키워드	소형 키워드
장점	조회수가 많아 유입에 효과적	구매율이 높음
단점	클릭 당 단가가 높음	조회수가 적어 유입이 적음

대형 키워드의 장점은 조회수가 많다는 것이다. 대형 키워드로 검색 광고를 할 경우 많은 조회수 덕분에 홈페이지에 유입을 많이 일으킬 수 있다. 하지만 많은 경쟁자들 때문에 클릭당 비용(클릭 당 비용이 발생하는 광고)이 높을 것이다.

그리고 블로그 마케팅을 할 경우에도 경쟁이 치열해 많은 사업자들이 대량의 글을 생산해 낼 것이다. 높은 경쟁 때문에 포스팅한 글은 쉽게 검색 순위에서 뒤로 밀려나게 되므로 지속적인 글 생산이 필요하다.

소형 키워드는 키워드의 조회수가 적어 광고를 해도 홈페이지 유입이 많이 일어나지 않는다는 것이 단점이다.
반면에 장점은 소형 키워드는 고객이 구매 직전에 검색하는 키워드라는 것이다. NX300이라는 단어는 구매직전의 고객이 가격비교를 위해 검색하는 키워드로 구매와 바로 연결이 되는 키워드이다.
블로그 마케팅 시에도 이런 소형 키워드로 포스팅을 하면 포스팅 경쟁이 심하지 않은 관계로 글이 오랫동안 상위에 노출되고 빠르게 매출을 발생시킬 수 있다.

네이버 키워드 도구의 활용

마케팅에 있어 중요한 역할을 하는 이 키워드를 어떻게 하면 정확하게 선별해 낼 수 있을까? 네이버는 지난 한 달 동안 네이버 검색 사용자들이 어떠한 키워드로 얼마나 검색을 했는지에 대한 자료를 공개해 준다.

네이버광고(searchad.naver.com)에 가입하면 누구나 아래 기능을 활용하여 키워드 검색에 대한 정보를 볼 수 있는데, 이를 활용하면 아주 편리하게 사업과 관련된 키워드를 선별해 낼 수 있다.

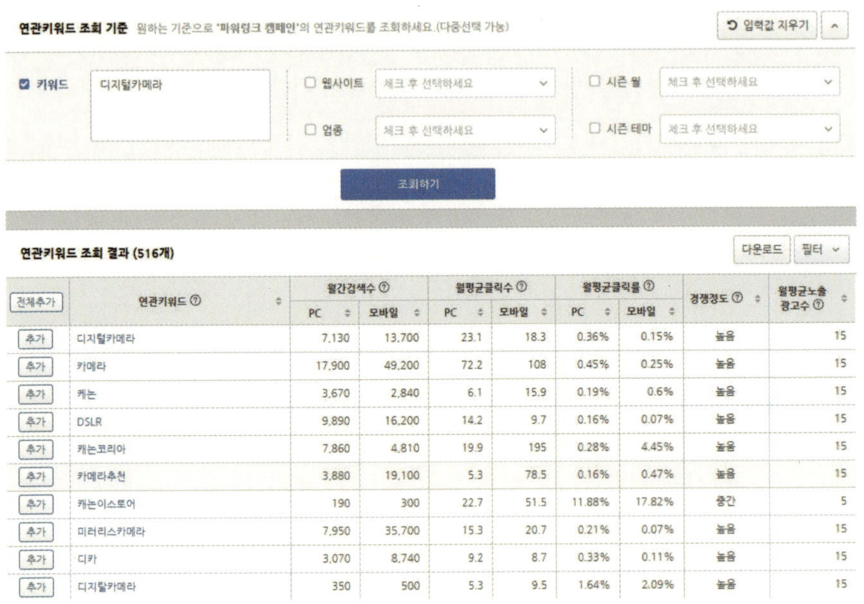

전체추가	연관키워드 ⑦	월간검색수 ⑦		월평균클릭수 ⑦		월평균클릭률 ⑦		경쟁정도 ⑦	월평균노출 광고수 ⑦
		PC	모바일	PC	모바일	PC	모바일		
추가	디지털카메라	7,130	13,700	23.1	18.3	0.36%	0.15%	높음	15
추가	카메라	17,900	49,200	72.2	108	0.45%	0.25%	높음	15
추가	캐논	3,670	2,840	6.1	15.9	0.19%	0.6%	높음	15
추가	DSLR	9,890	16,200	14.2	9.7	0.16%	0.07%	높음	15
추가	캐논코리아	7,860	4,810	19.9	195	0.28%	4.45%	높음	15
추가	카메라추천	3,880	19,100	5.3	78.5	0.16%	0.47%	높음	15
추가	캐논이스토어	190	300	22.7	51.5	11.88%	17.82%	중간	5
추가	미러리스카메라	7,950	35,700	15.3	20.7	0.21%	0.07%	높음	15
추가	디카	3,070	8,740	9.2	8.7	0.33%	0.11%	높음	15
추가	디지탈카메라	350	500	5.3	9.5	1.64%	2.09%	높음	15

위 이미지는 네이버 키워드 도구에서 "디지털카메라"라고 검색했을 때 나온 검색 결과의 일부이다.

검색 키워드의 월간 PC/모바일 검색수, 월평균 클릭수(조회를 한 사람 중 광고를 클릭한 수), 월평균 클릭률(조회수와 클릭수를 비율로 계산한 값), 이 키워드로 검색 결과 중인 회사의 수와 경쟁 정도를 보여준다.

그리고 해당 키워드와 관련이 있는, 즉 사람들이 디지털카메라와 함께 검색을 한 연관 키워드의 정보까지 상세하게 보여준다. 이 키워드 도구를 활용하여 우리는 비지니스와 관련된 키워드를 쉽게 찾아낼 수 있다. 그리고 이 키워드는 다운로드 버튼을 눌러 저장이 가능하다.

하지만 키워드 도구가 추천해 주는 모든 키워드가 우리의 사업과 관련이 있는 것은 아니다. 추천 결과에서 필요 없거나 내 사업과 관련이 없는 키워드는 제외하는 별도의 작업이 필요하다. 그리고 연관 키워드를 다시 각각 검색해보면 또 다른 검색 결과를 얻을 수 있다. 이렇게 얻는 결과들을 조합하고 선별해 내면 각각의 사업자가 공략해야 할 키워드를 선택할 수 있다.

대박 나는 마케팅 포인트 잡기

마케팅을 시작하기 전에 어떤 것에 초점을 맞추어 마케팅을 진행해야 할지를 고민해 보아야 한다. 고객들이 사업자에게 원하는 것에 마케팅 포인트를 잡고 그 부분

을 집중적으로 공략하며 마케팅을 진행해야 한다.

예를 들어 설명을 해 보도록 하겠다. 위 이미지는 중고차 매매업을 하는 "창원 쌍둥이카"라는 블로그의 메인 화면이다. 중고차라는 단어를 연상하면 여러분들은 어떠한 이미지와 단어들이 연상이 되는가? 아마도 "사고차, 침수차, 바가지, 사기" 등의 단어가 떠오를 것이다. 중고차 매매시장에서 일어나는 일련의 불미스러운 사건들을 뉴스나 신문에서 자주 접하며 가지게 된 이미지일 것이다.

이런 이미지를 연상하는 고객들은 중고차 매매 사업자에게 무엇을 바라겠는가? "믿음, 신뢰, 정직" 등을 바랄 것이다. 그렇다면 중고차 매매 사업자는 마케팅 포인트를 "믿음, 신뢰, 정직"에 두고 마케팅을 진행해야 한다. 이렇게 고객이 원하는 바를 고객의 입장에서 생각해 보고 마케팅 포인트를 잡으면 된다.

마케팅 포인트를 잡았다고 여기서 끝내면 별 의미가 없다. 믿음과 신뢰를 어떻게 피력할 것인지를 고민해 보아야 한다. "나는 정직합니다. 나는 고객과의 신뢰를 가장 중요시 합니다."라고 말로만 떠드는 것은 마치 어린아이가 떼를 쓰는 것과 별반 다르지 않다.

고객이 믿음과 신뢰를 느낄 수 있도록 무언가를 보여 주어야 한다. 중고차 매매상의 경우 이미 차를 산 고객의 후기를 보여주어 고객에게 믿음과 신뢰를 보여줄 수 있다.

그리고 위와 같이 블로그 메인화면이나 포스팅 내용에 운영자의 사진을 넣어 신뢰도를 높일 수 있다. 콘텐츠에 해당글을 작성한 사람의 사진이 들어가 있으면 고객들의 글에 대한 신뢰도가 10배 가까이 상승한다고 한다. 중고차 매매업과 같이 신뢰와 믿음을 피력해야 하는 업종이라면 위와 같이 콘텐츠에 운영자의 사진을 노출시키는 것도 좋은 방법이다.

본격적으로 마케팅을 하기 전에 고객이 우리에게 진정 바라는 점이 무엇인지 파악하고 이것을 충족시키는 데 마케팅을 집중하도록 하자.

즉각 매출 발생 단계

블로그 마케팅

블로그 종류와 기본 세팅하기

블로그의 종류 알아 보기

블로그를 운영하기 전에 우리가 사용할 수 있는 블로그의 종류에는 무엇이 있는지 알아보도록 하자. 우리는 주로 가입형 블로그라는 것을 사용하게 되겠지만 블로그 마케팅을 하는 사람으로서 블로그의 종류에는 어떠한 것이 있고 우리는 왜 가입형 블로그라는 것을 사용하는지 정도는 알고 블로그를 운영해야 한다.

가입형 블로그

가입형 블로그는 우리가 흔히 사용하는 블로그로 네이버나 다음과 같은 포털사이트에 가입만 하면 자동으로 만들어지는 블로그이다. 가입형 블로그의 경우 관리자 모드가 기본으로 세팅이 되어 있어 레이아웃, 폰트, 메뉴 등을 포털사이트가 만들어 놓은 범위 내에서 자유롭게 세팅할 수 있다.

다음(www.daum.net)과 네이버(www.naver.com)는 우리나라 검색 점유율의 80~90%를 차지한다. 가입형 블로그의 운영은 다음과 네이버의 블로그 검색 결과에 노출이 용이하여 비지니스 홍보에 효과적이라 우리나라 사람들이 가장 많이 사용하는 블로그의 형태이다.

장점은 단점으로 작용하는데, 가입형 블로그의 경우 네이버나 다음이 만들어 놓은 범위 안에서는 사용이 편리하나 그 기능을 확장하지는 못한다는 단점이 있다.

설치형 블로그

설치형 블로그는 말 그대로 본인이 직접 설치를 하여 사용하는 블로그를 말한다. 본인이 직접 설치를 해야 하는 만큼 프로그래밍에 대한 기본 지식이 필요하고 서버 임대료, 도메인 구입비 등의 비용이 발생한다.

하지만 직접 프로그래밍을 하여 제작하는 만큼 기능을 확장하기에는 용이하다는 장점이 있다.

외국에서는 거의 설치형 블로그를 사용하고 있는데 설치형 블로그의 종류에는 대표적으로 워드프레스, 텍스트큐브 등이 있다. 설치형과 가입형의 중간 정도 기능을 가진 혼합형 블로그도 있는데 다음의 티스토리가 이에 해당된다.

블로그 관리 하기

블로그 운영에 앞서 기본적으로 세팅해야 되는 내용에 대해서 알아보도록 하겠다. 우리는 앞으로 가입형 블로그에 대해 주로 이야기를 나눌 것이다. 그리고 다음과 네이버 블로그는 그 기능과 운영 방법이 서로 비슷하므로 책에서는 네이버 블로그로 가입형 블로그를 설명하도록 하겠다. 블로그 기본 세팅에 대해 간략하게 알아보도록 하자.

위 이미지는 로그인을 하여 블로그에 방문하면 볼 수 있는 블로그 메인화면이다. 블로그 관리는 프로필 하단에 있는 관리 버튼을 눌러 시작할 수 있다. 관리를 클릭하면 아래와 같은 페이지를 볼 수 있다.

이 화면에서 블로그의 모든 세팅을 할 수가 있다. 블로그 운영에 들어가기 앞서 기본적으로 메뉴 설정, 레이아웃 꾸미기, 블로그 기본 정보 설정을 하도록 한다. 이 기본 세팅도 어렵게 느껴진다면 바로 포스팅을 시작해도 상관은 없다. 포스팅을 하며 천천히 사용법을 익혀 나중에 세팅을 해도 된다.

블로그 메뉴 설정

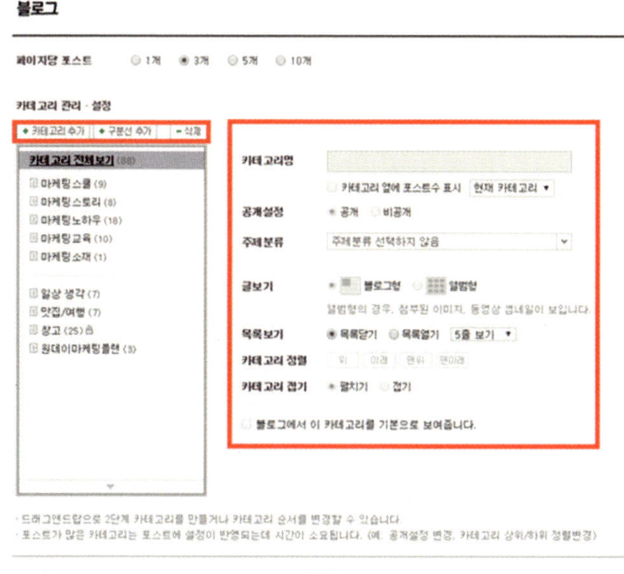

관리자화면>메뉴/글관리>블로그 순으로 클릭을 하게 되면 위와 같은 메뉴를 볼 수 있다.

각각의 게시판을 카테고리라 부르는데 카테고리 추가/삭제버튼으로 카테고리를 추가 및 삭제할 수 있다. 구분선의 경우도 동일하게 추가 및 삭제가 가능하고 생성된 카테고리와 구분선은 선택 후 드래그 하여 순서를 조정할 수 있다.

우측 빨간 박스에서는 생성된 카테고리의 속성을 설정할 수 있는데 카테고리명, 공개/비공개 여부 등을 설정할 수 있다. 메뉴 설정을 마친 후에는 확인을 눌러 작업을 완료할 수 있다.

블로그 폰트 설정

관리자화면>꾸미기 설정>폰트 순으로 클릭을 하게 되면 포스팅에 사용할 폰트를 선택할 수 있다.

먼저 무료 폰트 전체 보기를 눌러 본인이 사용할 폰트를 선택, 저장하고 영역별 폰트 설정에서 블로그 제목, 메뉴, 포스트 제목, 내용에 쓸 폰트를 차례차례 선택할 수 있다. 선택을 한 후에는 적용을 눌러 작업을 완료할 수 있다. 참고로 여기에서 설정한 폰트는 카페 포스팅 시에도 적용이 된다.

폰트의 설정은 가독성에 아주 중요한 영향을 미친다. 가독성이란 블로그 구독자들이 글을 쉽게 읽을 수 있는 정도를 뜻하는 말이다. 가독성이 높도록 읽기 쉬운 폰트를 선택하는 것이 좋다.

블로그 스킨 설정

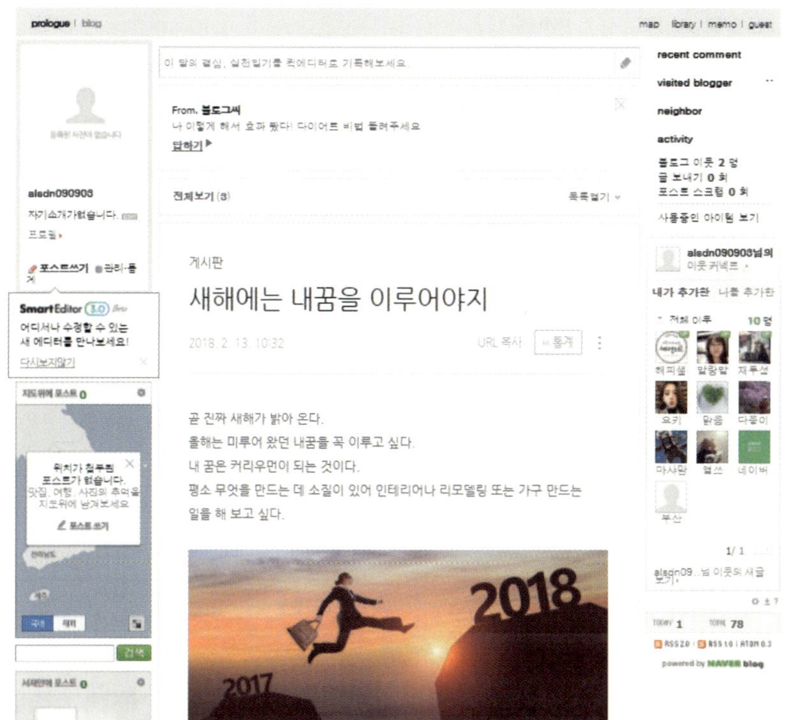

위 이미지는 블로그를 전혀 꾸미지 않았을 때의 모습이다. 블로그에 상업적 포스팅을 하는 순간부터 고객은 언제든지 우리 블로그를 방문할 수 있다. 그런데 블로그를 전혀 꾸며 놓지 않으면 블로그를 방문한 고객에게 믿음을 줄 수 없다. 이때 스킨 선택만 해 주어도 블로그의 분위기는 많이 달라진다. 블로그 스킨 선택을 해 보도록 하자.

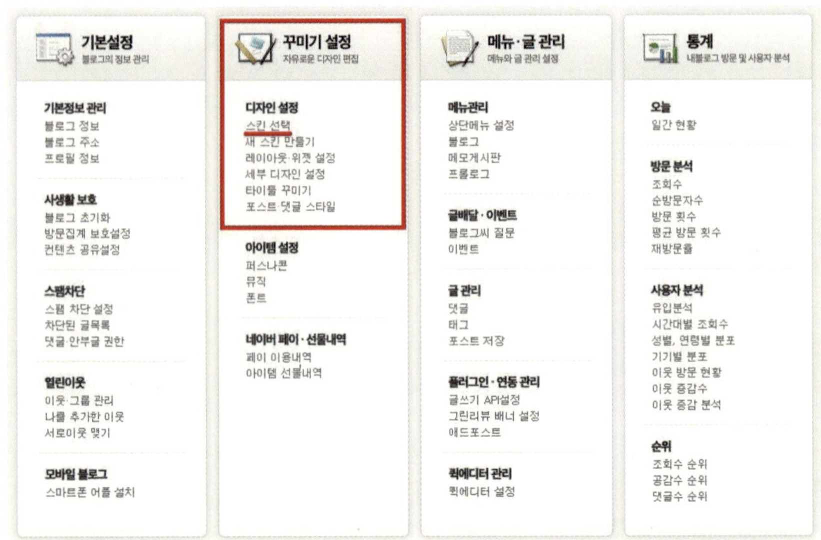

블로그 관리>꾸미기 설정>디자인 설정>스킨 선택을 클릭한다.

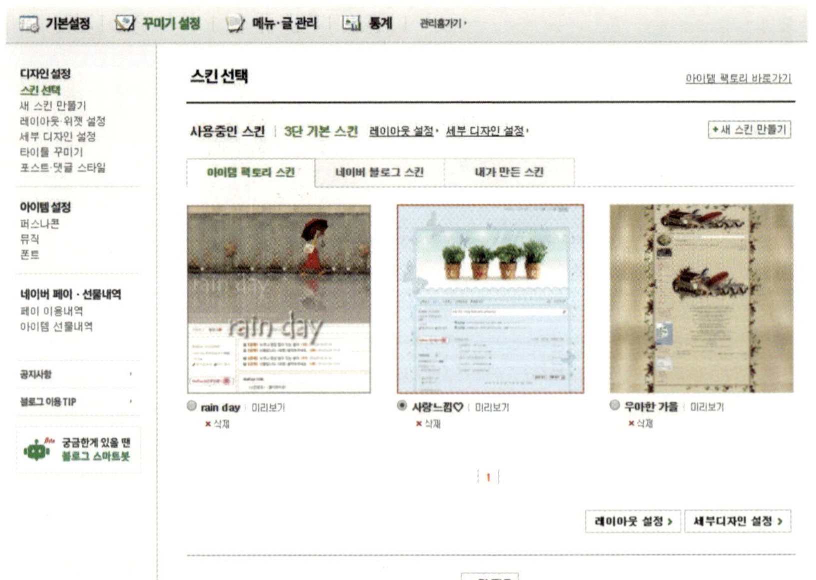

스킨 선택 화면이다. 이곳에서 아이템 팩토리 스킨, 네이버 블로그 스킨,

내가 만든 스킨 중 하나를 선택하여 스킨을 설정할 수 있다.
여러 가지의 스킨이 있으니 마음에 드는 것을 선택하고 스킨 적용을 누른다.

스킨 적용을 누르면 확인을 하라는 팝업창이 뜨게 된다. 확인을 눌러 스킨 선
택을 마무리할 수 있다.

위 화면은 블로그 스킨을 적용시킨 화면이다. 처음 썰렁했던 화면과는 완전히
달라진 모습이다.

블로그 정보 수정 하기

블로그를 운영하기 전 블로그 정보는 기본적으로 설정하고 시작하는 것이 좋다.

블로그 관리>기본설정>블로그 정보 순으로 클릭하여 블로그의 제목, 별명, 소개글, 프로필 사진, 모바일앱 커버 사진 사업자 확인 등의 정보를 설정할 수 있다.

블로그 정보

제목	인테리어스토리	한글, 영문, 숫자 혼용가능 (한글 기준 25자 이내)
별명	써니하우스	한글, 영문, 숫자 혼용가능 (한글 기준 10자 이내)
소개글	인테리어 리모데링 상담 언제든지 연락 주세요~ 010-2222-3333	블로그 프로필 영역의 프로필사진 아래에 반영됩니다. (한글 기준 200자 이내)

바로 세팅이 가능한 블로그 제목, 별명, 소개글을 입력하고 확인 버튼을 누른다. 이때 제작해 놓은 프로필 사진, 모바일앱 커버 사진이 있다면 등록을 하면 된다.

블로그 메인 화면으로 이동을 해 보면 우측에 별명, 소개 글이 나타나 것을 볼 수 있다. 블로그 제목은 외부 검색 결과에 노출이 된다.

블로그 1-10 / 10,822,237건

펜트하우스 인테리어 낭만가득! 5일 전
펜트하우스 **인테리어** 자료로 한껏 부러워 하며 눈요기 해봅니다~ 낭만 가득한 펜트하우스
인테리어 부럽습니다~~!! 스칸디나비아 스타일의 미니멀리즘을 결합한 똑...
하얀나무 blog.naver.com/julian1366/221208173006

식당인테리어, 변화지 않으면 망합니다. 어제
식당**인테리어**를 정말 해야할까? 과거엔 식당의 가장 중요한 요소를 꼽으라면 단연... 것을
인테리어로 잡는 시작, 주 고객층이자 선택의 폭이 넓은 여심에 집중하는...
j-style blog.naver.com/irene71j/221209035394

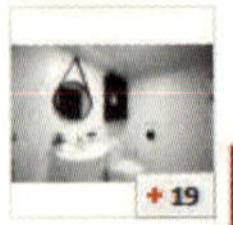

광주인테리어 디자인 플레이스365 2018.02.08.
하지만 그 뒤에도 광주**인테리어** 어떤 업체에 맡겨야 하는지 고민이 또 시작되죠! 그래서 고
민이 깊어지시기 전에 제가 광주**인테리어** 업체 한 곳을 추천해드릴까 하고...
핑크비쥬 아틀리에 blog.naver.com/wyh5757/221204180331

카운터, 방문자 그래프 위젯 추가하기

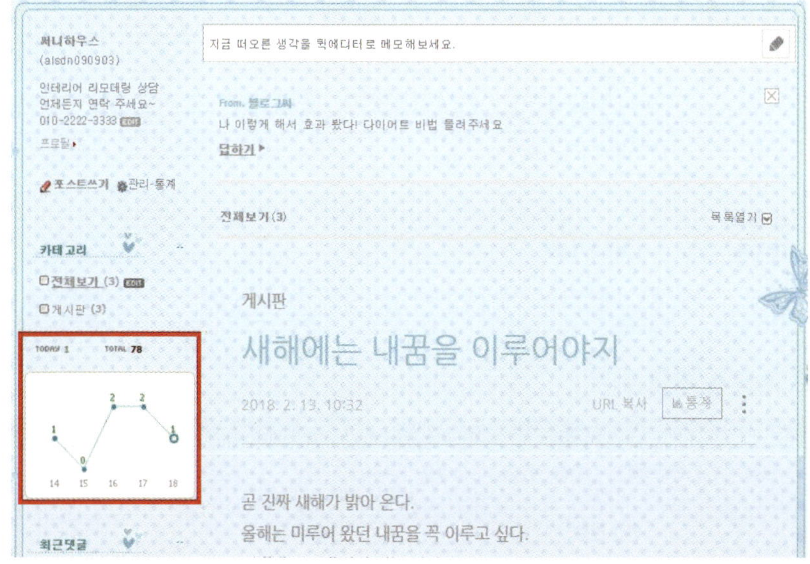

블로그 운영 초기 블로그 방문자를 실시간으로 체크하여 블로그의 활성 정도를 가늠해 볼 수 있다.

방문자 그래프와 카운터 위젯을 활용하면 위 화면과 같이 블로그 메인에서 블로그 방문자 수를 확인해 볼 수 있다.

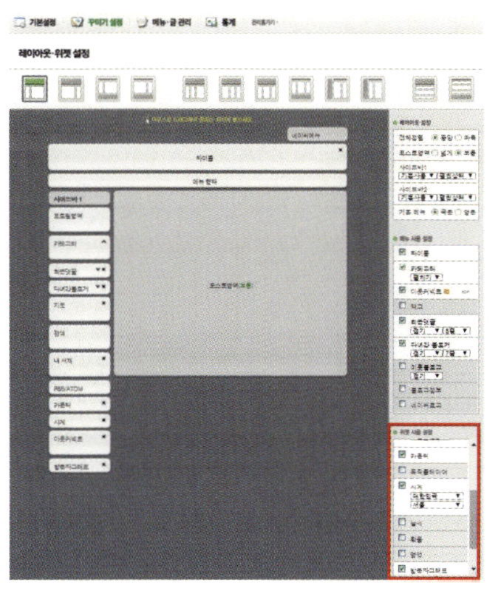

블로그 위젯은 블로그 관리>꾸미기 설정>레이아웃 위젯에서 설정할 수 있다.

우측 하단 위젯 사용 설정에서 사용하고자 하는 위젯을 선택하고 적용 버튼을 눌러 설정을 완료할 수 있다.

옆 이미지와 같이 블로그 운영 도중 방문자가 급격히 하락 한다면 블로그에 큰 문제가 생겼다고 볼 수 있다.

블로그 통계 확인 하기

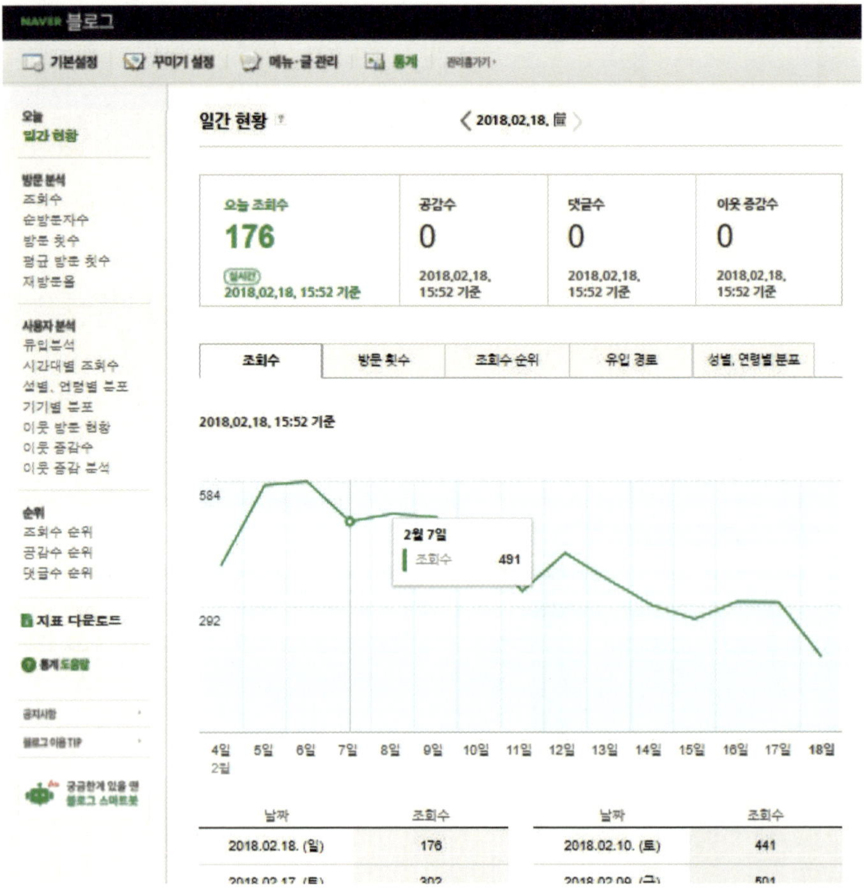

날짜	조회수	날짜	조회수
2018.02.18. (일)	176	2018.02.10. (토)	441
2018.02.17. (토)	302	2018.02.09. (금)	501

블로그 통계 확인을 통해 우리가 블로그 운영을 잘 하고 있는지 확인해 볼 수 있다. 블로그 통계 첫 화면에서는 일간 현황을 확인할 수 있다. 조회수, 공감수, 댓글수, 이웃 증감수 등의 확인이 가능하다.

블로그 운영 초기에는 매출 향상과 가장 직접적인 영향이 있는 유입 분석 키워드를 확인하는 것이 중요하다. 유입 분석으로 우리는 블로그 방문자들이 어떠한 키워드를 통해서 우리 블로그를 방문했는지 알 수가 있다. 유입 분석의 확인은 블로그 마케팅의 효과와 직접적인 연관이 있으니 포스팅을 하며 수시로 확인하는 것이 좋다.

타깃 고객과 블로그 이웃 맺기

블로그 이웃은 5,000명까지 맺을 수 있다. 서로 이웃이 되면 내 이웃의 소식을 블로그 메인화면에서 볼 수 있다. 이웃의 종류에는 두 가지가 있는데 "내가 추가한 이웃"과 "나를 추가한 이웃"이다. 서로 이웃이 되면 블로그 메인화면에서 서로의 소식을 받아 볼 수가 있게 된다. 이웃의 수는 블로그의 건강도를 체크하는 지표이므로 꾸준히 이웃의 수를 늘리고 서로 댓글과 공감으로 소통하는 것이 좋다.

이웃을 맺으려면 이웃을 맺고자 하는 사람의 블로그에 방문하여 이웃추가 버튼을 누르고 이웃 신청을 하면 된다. 이때 서로 이웃이 되도록 서로 이웃 신청을 하는 것이 좋다.

고객이 될 가망이 있는 사람들과 이웃을 맺는 것이 좋은데 본인의 경쟁자나 동종업을 하는 블로그, 또는 관련된 글에 댓글과 공감 등으로 반응을 한 사람과 이웃을 맺으면 된다.

블로그 상위노출 글쓰는 법

제목
- 키워드를 넣어 간결하게
- 키워드는 앞에 배치
- 기호는 사용하지 말 것

내용
- 키워드 5-8번 넣기
- 읽기 쉬운 글쓰기
- 용량 높이기(이미지, 동영상)
- 중복 / 저작권 주의
- 이미지 / 동영상 노출
- 글자수 15줄 이상

블로그 제목을 만드는 법

이제부터 설명할 블로그 상위 노출 글쓰기 방법은 블로그에만 해당되는 내용은 아니다. 요즘 웬만한 사이트들은 검색 엔진이 탑재되어 있는데 아래 내용은 대부분의 글쓰기에 적용을 시켜도 무리가 없는 내용이다.

검색 로봇의 임무는 검색 사용자가 검색한 키워드와 가장 유사한 내용을 가진 콘텐츠, 즉 관련도가 높은 콘텐츠를 상위에 노출시켜주는 것이다. 콘텐츠와 검색한 키워드의 관련도를 높이려면 포스팅 시 글의 제목과 내용에 검색한 키워드를 넣어야 한다. 그리고 제목을 작성할 때 키워드는 되도록이면 앞에 배치하고 키워드 외에 글자는 최소화하는 것이 좋으며 기호는 넣지 않는 것이 좋다.

제주도맛집 하루방식당 식사 후 제주기념품 사기

위와 같이 제목을 만들었을 경우 검색 로봇은 이 글이 제주도맛집과 관련이 있는 글인지 제주기념품과 관련이 있는 글인지 고민을 하지 않을 수 없다.

위와 같은 제목은 제주도맛집과 제주기념품 키워드 두 개 모두 상위에 노출되지 않을 확률이 높다. 마치 두 마리 토끼를 쫓다 두 마리를 다 놓치는 격이 될 수 있다. 로봇에게 고민거리를 주지 않도록 한 개의 키워드만 넣는 것이 좋다. 하지만 블로그 검색 결과에 제주도맛집과 제주기념품에 대한 글이 별로 없다면 두 단어 모두 상위에 노출될 가능성이 있다. 글을 쓰기 전 해당 키워드로 검색을 하여 검색 결과를 참고하여 제목을 만들도록 하자.

★ 강남머리잘하는곳 모모헤어샵 ★

위 제목은 "강남머리잘하는곳"으로 상위 노출하고자 만든 제목이다. 하지만 "★" 표시는 검색 결과에서 눈에는 잘 띨지 모르나 검색 로봇이 강남머리잘하는곳과 관련이 있는지를 판단하는데 있어서는 방해가 된다. 관련도를 높이려면 키워드 외에 단어나 기호 등을 최대한 줄이는 것이 좋다.

부산 돼지국밥

위와 같은 제목은 "부산 돼지국밥"이라는 키워드와 관련도가 가장 높아 부산 돼지국밥 검색 시 상위에 노출될 확률이 높다. 하지만 제목이 너무 짧은 나머지 검색 사용자들에게 해당 글이 어떤 의도와 내용으로 작성된 글인지를 알릴 수가 없다. 검색 사용자들이 검색 결과 내에서 어떤 글을 읽을 것인지 고민하는데 걸리는 시간은 불과 1~3초 정도이다. 이 짧은 시간에 클릭을 받으려면 아래와 같이 짧으면서도 눈에 띄는 제목을 정하는 것이 좋다.

부산 돼지국밥 줄 서서 먹는 곳

블로그 내용 작성 하는 법

본문에 노출시키고자 하는 키워드를 5~8번 정도 넣는 것이 좋다. 로직은 사용자들의 자연스러운 행동을 기반으로 만들어진다. 실제 어떠한 키워드를 주제로 글을 작성해 보면 본문에 해당 키워드가 5~8번 정도 자연스럽게 들어가는 것을 알 수 있다. 글 작성 후 글을 읽어 보고 노출시키고자 하는 키워드가 본문에 너무 적게 들어가 있다면 인위적으로 본문 중에 키워드를 끼워 넣는 것이 좋다.

그리고 포스팅 시 사진과 동영상을 많이 넣는 것이 좋다. 로봇은 사진과 동영상이 많이 들어간 글이 적게 들어간 글에 비해 정보성이 높다고 판단하기 때문이다. 사진의 경우 용량과 해상도가 높은 사진에 더 많은 점수를 준다. 그리고 중복을 피하기 위해 되도록 원본 사진을 이용하여 포스팅을 하는 것이 좋다.

글은 15줄 이상 써야 한다. 해당 콘텐츠가 정보성이 있으려면 기본적인 텍스트가 본문 내에 존재해야 하기 때문이다.

그러나 글의 내용이 너무 많을 경우에는 시리즈로 나누어 여러 개의 글을 작성하는 것이 좋다. 정보성을 강조한 나머지 너무 어려운 내용을 길게 쓰면 사람들은 그 글을 잘 읽으려 하지 않기 때문이다.

그리고 사람들이 글을 쉽게 읽을 수 있도록 하기 위해 전체 내용을 각각의 문단으로 나누고 문단과 문단 사이에는 관련된 사진을 넣는 것이 좋다. 그리고 폰트는 읽기 쉬운 큰 폰트를 사용하고 줄 간격도 충분히 띄워주는 것이 좋다.

가독성이 높은 글쓰기

가독성이란 사람들이 글을 쉽게 읽을 수 있는 정도를 뜻하는 말이다.
글자의 크기가 작고 줄간격이 좁은 글은 읽기가 힘들다.
폰트 선택 시 글자의 크고 읽기 쉬운 폰트를 선택해야 한다.
그리고 글을 다 쓴 후에는 줄 간격을 조정하여 읽기 쉽도록 조정한다.
정보의 홍수 속에서 사는 현대인들은 읽기 힘든 글은 그냥 지나쳐
버리는 경향이 있다.
요즘 뉴스를 카드뉴스 형식으로 만드는 것도 이런 이유 때문이다.
가독성이 높은 글을 만들어 내도록 하자.

줄 간격이 좁아 읽기 힘든 글

가독성이 높은 글쓰기

가독성이란 사람들이 글을 쉽게 읽을 수 있는 정도를 뜻하는 말이다.

글자의 크기가 작고 줄간격이 좁은 글은 읽기가 힘들다.

폰트 선택 시 글자의 크고 읽기 쉬운 폰트를 선택해야 한다.

그리고 글을 다 쓴 후에는 줄 간격을 조정하여 읽기 쉽도록 조정한다.

정보의 홍수 속에서 사는 현대인들은 읽기 힘든 글은 그냥 지나쳐

버리는 경향이 있다.

요즘 뉴스를 카드뉴스 형식으로 만드는 것도 이런 이유 때문이다.

가독성이 높은 글을 만들어 내도록 하자.

줄 간격이 넓어 읽기 쉬운 글

이미지 / 동영상 검색 결과 노출 방법

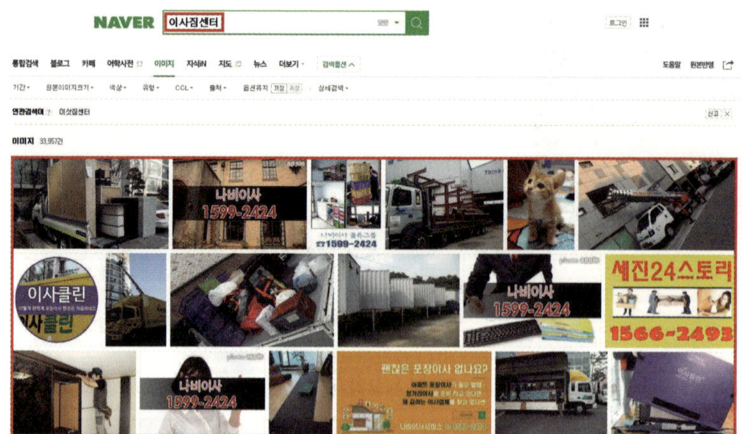

위 이미지는 "이사짐센터"라고 검색했을 때 보여지는 이미지 검색 결과 화면
이다. 이미지 영역에 포스팅 시 사용한 이미지를 노출하기 위해서 포스팅 시
업로드하고자 하는 이미지의 파일명을 키워드로 변경하여 업로드하도록 하자.

<table>
<tr><td align="center">이름 변경 전</td><td align="center">이름 변경 후</td></tr>
</table>

사진을 찍으면 사진의 기본 정보가 이미지의 파일명이 된다. 이미지 노출은 이미지가 포함된 문서의 제목, 캡션(이미지설명), 태그, 파일명을 이용하여 입력한 키워드와의 관련도를 평가하여 노출된다.

그러므로 이미지 파일명을 노출되고자 하는 키워드로 바꾸어 포스팅하면 해당 이미지가 검색 결과에 노출될 확률이 높아진다. 이미지 파일명을 변경할 때는 포스팅 시 제목과 본문에서 사용되었던 키워드로 파일명을 만들기 바란다.

위 예는 필자가 "사상역맛집 해돋이 아구찜동태탕"이라는 포스팅을 할 때, 이미지 영역 노출을 위해 파일명을 노출시키고자 하는 키워드로 변경한 모습이다. 이런 식으로 파일명을 바꾸어 포스팅 시 업로드하면 위 이미지들은 각각의 키워드로 이미지 영역에 노출이 된다.

캡션 기능

캡션 기능은 이미지를 설명하기에 유용한 기능이다. 네이버 스마트에디터 3.0으로 포스팅 중 첨부한 이미지를 클릭하면 이미지 하단에 이미지의 설명을 입력할 수 있다. 이 이미지 캡션 기능은 이미지와 키워드를 연관 짓는데 중요한 역할을 한다.

참고로 포털사이트는 크고 선명한 이미지를 더 선호한다. 320×240 이미지 보다는 1024×768 사이즈의 이미지가 더 선호된다.

상업적 이미지

너무 상업적인 이미지의 사용은 피하는 것이 좋다. 상업적 이미지의 경우 검색 사용자들로부터 외면 받을 가능성이 높아 검색에서 제외될 가능성이 있다.

무료 이미지 사용하는 법

블로그 마케팅이 효과를 보기 위해서는 기본적으로 많은 포스팅을 생산해야 한다.

많은 포스팅을 생산해 내기 위해서는 많은 이미지가 필요하다. 하지만 포스팅에 사용할 이미지를 일일이 사진을 찍어 사용하는 것은 어려운 일이다. 이때 방대한 양의 이미지를 무료로 사용할 수 있는데 그 방법에는 두 가지가 있다. 아래 그 두 가지 방법을 소개한다.

스마트에디터 3.0 기능 이용하기

스마트에티더 3.0으로 포스팅을 하면 포스팅 시 네이버와 계약 맺은 사이트의 이미지를 무료로 편리하게 사용할 수가 있다.

올해 목표는 사업 대박 만들기

2018년 새해가 밝았다.

올 해는 내가 계획한 목표를 꼭 해 내고야 말겠다.

올해 목표는 하는 날씬한 몸 만들기와 사업 안정화 시키이다.

두 가지다 내 의지와 관련이 있는 것 같다.

작년에 충분히 해 낼 수 있었던 일인데 다이어트의 경우 친구를
만난다...손님을 만난다..라는 핑계로 저녁에 많은 칼로리를 섭취한
것 같고...사업의 경우도 열심히 하면 손님이 오는 것을 아는 데도
열심히 하지 않아 소위 말하는 대박을 만들지 못한 것 같다.

문제의 원인을 알고 있으니 올해는 충분히 해 낼 수 있으리라 생각한다.

태그 #입력 (최대 10개)

위 이미지는 스마트에디터 3.0으로 포스팅 중인 화면이다. 무료 이미지를 사용
하기 위해 우측 하단의 이미지 첨부 버튼을 클릭한다.

이미지 첨부 버튼을 클릭하면 옆 이미지와 같이 이
미지를 검색할 수 있는 검색창이 나타난다. 원하는
이미지를 검색하기 위해 키워드를 입력하고 검색 버
튼을 클릭한다.

"+" 표시를 누르면 이미지가 분문에 첨부된다. 이 이미지는 드래그 하여 위치를 조정할 수 있다.

무료 이미지 사이트 이용하기

포털사이트에 "무료 이미지"라고 검색을 해 보면 무료 이미지를 제공하는 많은 사이트들이 나타나는데 이곳에서 무료 이미지를 다운받아 사용할 수 있다. 필자의 경우 픽사베이(www.pixabay.com)라는 무료 이미지 사이트를 주로 이용한다.

인터넷상에 떠도는 이미지를 사용할 때는 많은 주의를 요한다. 아무 생각 없이 인터넷에 떠도는 이미지를 사용했다가는 큰 낭패를 볼 수가 있다.

양질의 이미지를 일부러 인터넷상에 퍼뜨려 이를 쉽게 사용하게 하고, 사용한 사람에게 저작권 침해 소송을 걸겠다고 협박하여 고가의 이미지 패키지를 구입하게 하는 악덕 업체들이 실제 존재한다. 저작권에 대한 규제가 강화되고 있는 요즘 남의 이미지를 함부로 썼다가는 큰 낭패를 볼 수 있으니 무료 이미지 사이트를 적극 이용하도록 하자.

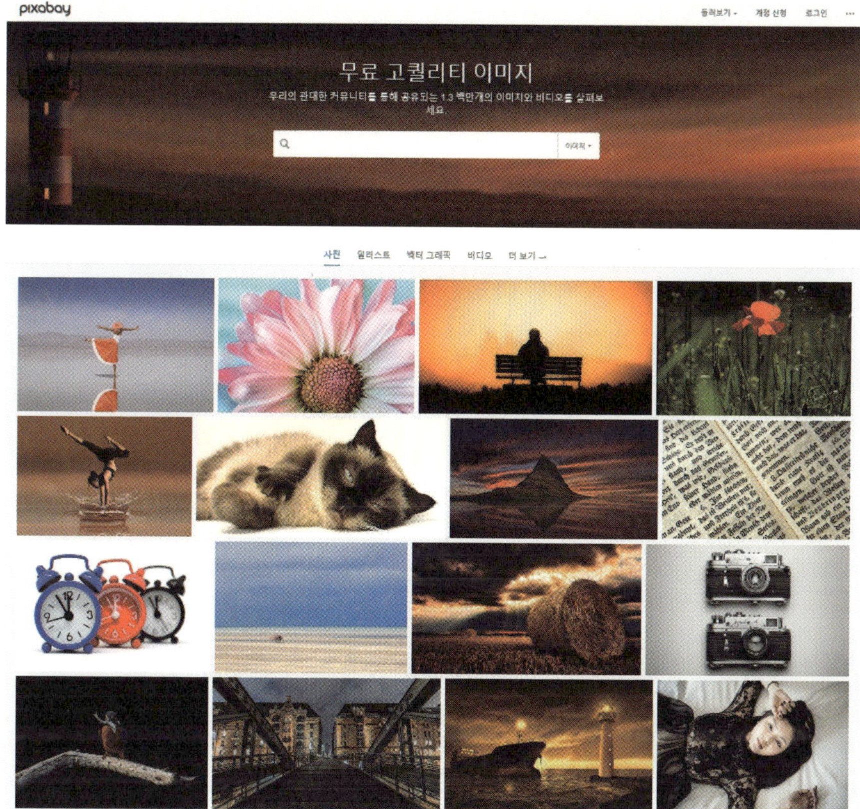

클릭을 많이 받는 포스팅 제작법

검색 사용자가 검색 결과에서 어떠한 콘텐츠를 읽을지 선택하는 데 걸리는 시간은 대략 3초 정도이다. 블로그 검색 결과 첫 페이지에는 총 10개의 포스팅이 노출된다. 고객들은 이 중 몇 개의 포스팅을 읽고 상품이나 서비스에 대한 정보를 얻을 것이다. 많은 클릭을 받는 것이 중요한데 검색 결과에서 고객들의 클릭을 결정짓는 요소는 대표 이미지와 제목, 두 가지이다.

대표 이미지의 적절한 사용 예

옆 이미지는 "부산중고차"라고 검색했을 때의 결과이다. 가장 위에 있는 이미지가 눈에 띄는 데 다른 포스팅과는 다르게 원색의 강렬한 이미지를 썼기 때문이다. 그리고 대표 이미지에 "최고가 매입 최저가 판매"라는 문구도 눈에 띈다.

옆 이미지는 "신평중고차매매시장"라고 검색했을 때의 검색 결과이다. 글쓴이의 얼굴이 들어간 가장 상단의 이미지가 눈에 띈다. 중고차매매업은 고객에게 신뢰를 주는 것이 중요한데 글쓴이의 사진을 넣는 것은 신뢰도를 높이는 데 효과적이다.

위의 두 검색 결과와 같이 포스팅 시 눈에 띄는 대표 이미지를 사용하는 것이 좋다. 포스팅 전에 상위 노출을 시키고자 하는 키워드를 검색하여 미리 검색 결과의 분위기를 파악하고 어떤 이미지를 쓰면 눈에 띨지 고민해 보고 포스팅을 하기 바란다.

대표 이미지의 선택

대표 이미지는 위 사진과 같이 포스팅 시 업로드한 사진 중에 하나를 대표 이미지로 선택할 수 있고 대표 이미지로 선택한 이미지가 검색 결과에 노출이 된다.

눈에 띄는 제목 예

부산 블로그마케팅 무료!! 2017.09.18.
15만원의 블로그 교육을 완전히 하는 것은 저희 로서도 너무 부담이 되는지라 홈페이지형 블로그를 제작 의뢰 하시는 분들에게 **부산 블로그마케팅** 교육을 무료로 해...
마케팅정보공유-블루... blog.naver.com/snsqntls17623/22109986258...

부산 블로그 마케팅 광고 엄청난 효과!! 2016.10.31.
네이버에 **부산 블로그마케팅** 검색또는 블로그마케팅 검색만 해도 아주 많은 글들이 나온다. 대부분 보면 업체들이 글을 적어놓은 것들이다. 하나둘 블로그 지수를...
지엔인테리어 blog.naver.com/rmsdn1358/220850048568 | 블로그 내 검색

부산블로그마케팅 시작이 중요합니다 2017.11.30.
부산블로그마케팅 시작이 중요합니다 연령에 관계 없이 많은 소비자들이 블로그 / 지식인 / 카페 를 이용해서 다양한 정보를 비교, 검색한 후에 소비하는 형태가 갈수록...
노란색 우산 blog.daum.net/seeeonanana/190 | 블로그 내 검색

위 이미지는 "부산 블로그 마케팅"이라고 검색했을 때의 검색 결과이다. 가장 위에 있는 글이 눈에 띄는데 제목과 대표 이미지에 "무료"라는 말이 들어가 있기 때문이다. 무료 서비스나 혜택을 만들어서라도 포스팅이 눈에 띄도록 해야 한다.

부산 서면 원룸 월세 들으면 저렴해서 놀라요^^ 2017.12.16.
했습니다 **부산 서면 원룸** 저렴이 방 ~ 정말 월세 들으면 깜놀 하실거예요^^ **부산 서면 원룸** 은 서면역 도보 5분거리 학원가 까지는 도보 15분정도 예상 합니다 하지만 서면...
코끼리하우스 blog.naver.com/ska00... | 블로그 내 검색 | 약도 ▾

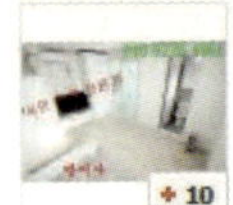

부산서면원룸 깔끔한 방이 있네요. 2018.02.04.
요즈음은 어디가면 괜찬은 방이 있을까 하고 찾아서 돌아 다니다 보면 **부산서면원룸** 중에 대박 인 집이 있더라구. NC백화점 서면점 부산광역시 부산진구 동천로 92...
육사마의 즐거운 공간 blog.naver.com/bangs... | 약도 ▾

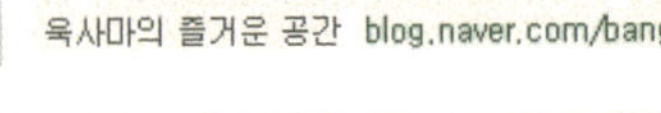

부산서면원룸 "서면역인근큰방부전동서면원룸" 2018.02.02.
안녕하세요 이번에 소개할곳은 **부산서면원룸** 부전동원룸 서면원룸 입니다. 서면역 인근 방이 커서 좋은 **부산서면원룸** 부전동원룸 서면원룸 주방분리에 붙박이장도...
☺ 오내집 ☺ 오! 내가찾던... winclass.blog.me/221... | 블로그 내 검색 | 약도 ▾

부산 오피스텔매매 서면원룸 유림더블루s 2018.01.29.
공실없는 **부산오피스텔매매 서면원룸**매매 서면유림더블루s실사진이였어요 자세한 사항은 아래에 참고~ 평형 : 13평형(복층)(A타입남향) 매매가격 : 9300만원(대출가능)...
Busan one room blog.naver.com/jds_1... | 블로그 내 검색 | 약도 ▾

부산서면원룸 계약시 주의사항 18시간 전
부산서면원룸을 찾으시는 분들을 위해서 정보 드립니다. 저도 얼마 전에 지인의 원룸을 고른다고 돌아 다닌 적이 있는데요.. 방 이쁘다고 **부산서면원룸** 선택했다가는...
바른부동산 blog.naver.com/dptmeldh51/221207905130

위 이미지는 "부산서면원룸"이라고 검색했을 때의 블로그 검색 결과이다. 대부분의 부동산 블로거들은 본인이 가지고 있는 부동산 매물을 소개하고 있다. 5번째 포스팅이 눈에 띄는데 이 블로거는 남들이 포스팅 하지 않는 "부산서면원룸계약시 주의사항"이라는 주제로 글을 써서 다른 글들과 차별성을 두었다. 그리고 대표 이미지를 "주의사항"이라는 단어가 눈에 띄도록 제작하여 포스팅이 더욱 눈에 띄도록 했다.

마케팅은 매우 섬세한 작업이다. 항상 어떻게 하면 내 상품이나 서비스가 소비자에게 더 눈에 띌지를 고민하고 연구해야 한다.

전화 바로 걸기 기능 세팅하는 법

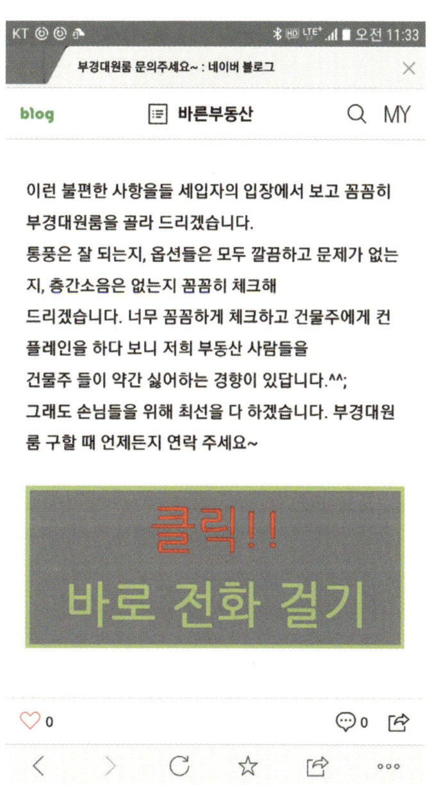

전화 바로 걸기 기능은 스마트폰에서 블로그 글을 보는 도중 특정한 이미지를 클릭하면 바로 전화를 걸 수 있는 화면으로 이동을 시켜주는 기능이다. 이 기능을 사용하면 고객들의 전화 상담을 유도하는 데 유용하다. 전화 바로 걸기 기능의 세팅 방법에 대해서 알아보도록 하자.

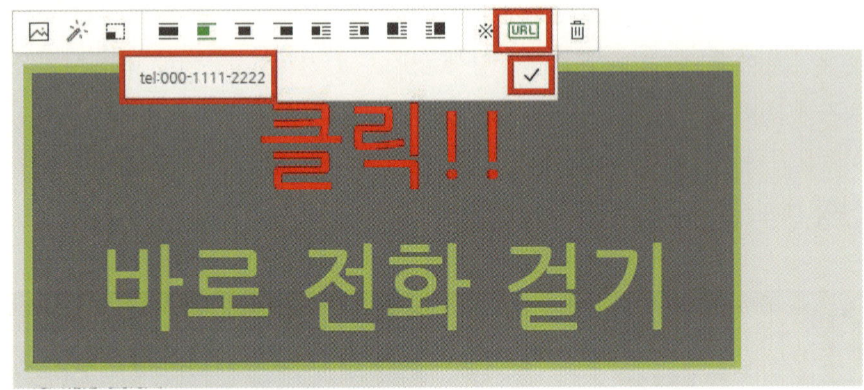

위 화면은 네이버 스마트에디터 3.0으로 포스팅을 할 때의 화면이다. 이미지를 첨부한 후 이미지를 클릭하면 위와 같이 이미지를 설정할 수 있는 메뉴를 볼 수 있다. URL부분을 클릭하고 "tel:전화번호"를 입력 후 체크 표시를 누르면 간단하게 전화 바로 걸기 기능이 세팅된다. 다음과 네이버 블로그 모두 세팅 방법은 동일하나 전화 바로 걸기 이미지 클릭 시 보이는 화면은 약간 다르니 이점 참고 바란다.

즉각 매출을 일으키는 포스팅 방법

2단계의 목적은 즉시 매출을 발생시키는 것이다. 블로그를 통해 매출을 즉각적으로 발생시키는 방법에 대해서 알아보도록 하겠다.

블로그를 동물에 비유하면 블로그 마케팅에 대해 이해하기가 쉽다. 블로그에는 덩치가 크고 힘이 센, "강한놈"이 있고 덩치가 왜소하고 힘이 약한, "약한놈"이 있다. 강한놈에게 글을 쓰면 해당 글이 1페이지 상위 노출이 되고 약한놈에게 글을 쓰면 해당 글이 검색 결과의 5~10페이지 정도에 노출이 된다.

블로그라는 동물을 강한놈으로 키우려면 밥과 간식을 오랫동안 많이 주어야 한다. 블로그에게 밥이란 포스팅이고 간식이란 방문자 수, 댓글, 공감, 스크랩 등이다. 그리고 총 운영기간, 이웃 수 등도 블로그의 건강에 영향을 미친다.

우리가 블로그에 첫 글을 쓰면 블로그의 건강 상태가 좋지 않아 상위 노출이 힘들다. 이럴 경우에는 경쟁이 덜한 소형 키워드를 공략하는 것이 좋다. 소형 키워드는 해당 키워드로 포스팅을 생산해 내는 사람이 적어 약한 블로그로도 상위노출이 가능하기 때문이다. 그리고 소형 키워드는 고객들이 구매 직전에 검색하는 키워드로 소형 키워드의 공략은 매출로 바로 이어질 가능성이 높다.

먼저 네이버 키워드 도구를 활용하여 비지니스와 관련된 키워드 중 조회수가 적은 키워드를 선택한다. 하지만 여기서 주의할 점은 조회수가 적더라도 블로그 포스팅 영역에서는 경쟁이 심할 수 있다. 그러므로 포스팅 전에 조회수와 검색 결과를 함께 살펴보고 조회수가 적으면서 경쟁도가 약한 키워드를 선택하는 것이 중요하다. 몇 개의 소형 키워드가 상위에 노출이 되면 고객으로부터 전화가 오기 시작한다.

몇 번 포스팅을 해보고 검색 결과를 살피다 보면 상위 노출에 대한 감각이 생기게 된다. 이렇게 블로그의 힘이 약할 때는 소형 키워드를 공략하며 서서히 블로그의 힘을 키워 나가는 것이 좋다.

블로그 마케팅을 하는 사람들의 대부분은 무료로 홍보가 가능하다는 것에 매력을 느낀다.
하지만 블로그 마케팅은 은밀하게 말하면 무료 마케팅이 아니다. 어떤 의미에서는 아주 비싼 광고라고 할 수가 있다. 그것은 바로 포스팅을 하는 운영자의 인건비가 들어가기 때문이다.

그리고 블로그 상위 노출로 매출을 기대한다는 것은 어떤 면에서는 수동적인 방법이다. 글을 포스팅하고 검색 사용자가 내 글을 읽어 주기를 기다리는 행동이기 때문이다.

그러므로 이때는 적극적으로 홍보를 해 볼 필요가 있다. 블로그 글을 페이스북 페이지에 옮기고 1,000~2,000원의 비용으로 페이스북 게시물 광고를 이용해 타게팅 한 고객들에게 글을 노출시키는 것이다.
적은 비용으로 적게는 몇 백 명에서 많게는 몇 만 명에게 내 상품이나 서비스를 홍보하여 즉각적인 매출을 일으킬 수 있다. 게시물 광고에 대해서는 3단계에서 자세히 다루도록 하겠다.

블로그 운영 시 주의사항

블로그 운영 시 주의해야할 점들이 있다. 그리고 블로그를 운영하다 보면 블로그 운영에 대한 많은 의문이 생기게 된다. 블로그 운영 시 주의해야 할 점과 궁금한 점을 해결하는 방법에 대해서 알아보도록 하자. 포털사이트의 입장을 이해하면 주의해야 할 점과 궁금증을 해결하는 방법을 찾을 수 있다.

우리가 자주 이용하는 포털사이트인 다음과 네이버는 광고를 통해 많은 수익을 내는 회사이다. 그리고 이런 포털사이트에 사람들이 방문을 하는 이유는 포털사이트 내에 있는 양질의 정보 때문이다. 이 두 가지에 대한 개념을 가지고 아래 내용을 보도록 하자.

포스팅 내 링크 사용 시 주의할 점

위와 같이 포스팅 시 반복적으로 링크를 사용하거나 비정상적으로 많은 링크를 삽입하면 검색 로봇은 해당 글을 스팸 문서로 간주할 수 있다. 그리고 개별 사이트로 이동하는 링크를 본문에 반복적으로 넣는다는 것은 포털로 유입된 사람들을 외부로 계속적으로 데리고 나간다는 뜻이다.

이는 포털의 입장에서는 영업에 방해가 되는 행동이므로 해당 블로그에 감점 요소를 줄 수밖에 없게 된다.

링크 기능은 적당한 선에서 사용하도록 하자.

링크의 사용은 블로그 글을 읽은 고객을 홈페이지로 유입시키는 데 아주 중요
한 기능이다.

블로그 위젯 기능을 활용하면 이 링크 기능을 효율적으로 사용할 수 있다.
아래는 위젯 기능을 활용하여 블로그를 마치 홈페이지처럼 꾸민 예이다.
이렇게 꾸민 블로그를 홈페이지형 블로그라 칭하기도 한다.

같은 IP에서 서로 댓글, 공감 해 주기

앞서 설명했듯이 댓글과 공감 등은 블로그를 강하게 키우는 데 필요한 간식이
다. 블로그에게 간식을 주기 위해 같은 사무실에 있는 동료들끼리 서로의 블
로그에 댓글과 공감, 스크랩을 해 주면 어떨까?
같은 IP에서 간식을 준다는 것은 편법으로 블로그를 강한놈으로 키우는 행동
이다.

이러한 방법으로 블로그가 강해지는 것을 용인해 주면 이를 악용하는 사람들
에 의해 블로그 검색 결과는 다시 광고판으로 바뀌게 될 것이다.

이는 포털의 입장에서는 운동 경기 중에 일어나는 반칙과 같은 행위로 블로그
에 감점 요소를 줄 수 있다. 같은 아이피에서 서로에게 댓글과 공감, 스크랩 등
을 하는 행위는 삼가하기 바란다.

글을 복사해서 붙여 넣기

글을 복사해서 붙여 넣으면 안 된다는 소문이 있다. 복사 붙여 넣기 기능은 컴
퓨터의 기본 기능이고 포털에서도 이 기본 기능의 사용을 막을 이유가 없다.

하지만 글을 복사해서 붙여 넣으면 문제가 되기도 한다. 장문의 글을 복사해
서 붙여 넣고 글을 완성하면 글을 생산하는 데 걸리는 시간이 너무 단축되기
때문이다.

이렇게 글이 빠르게 생산되는 경우 검색 로봇은 빠르게 생산된 포스팅을 다른
로봇의 공격으로 오인하여 해당 블로그에 해를 가할 수 있다.

그러므로 복사 붙여넣기 기능을 사용하는 것은 가능하나 너무 빠른 시간 내에
장문의 글이 생산되는 일이 없도록 주의하는 것이 좋다.

포털사이트는 블로그 운영자들이 양질의 글을 생산해 내기를 원한다. 그리고
포털사이트는 양질의 글을 보러 방문하는 사람들에게 광고를 노출하여 수익
을 발생시키는 회사이다. 이런 포털사이트의 입장을 이해하면 블로그 마케팅
시 주의해야할 점을 파악할 수 있고 궁금증 또한 해결해 나갈 수 있다.

포스팅을 쉽게 생산해 내는 노하우

블로그 마케팅을 교육하다 보면 이런 분들을 많이 만난다. 본인의 분야에 박
식하고 회사 소개와 상품 설명도 잘 하는 사업자인데 막상 포스팅을 하라고
하면 정작 글 한자 못 쓰는 사람들이다. 이런 사업자들이 포스팅을 어려워하
는 이유는 아래와 같다.

너무 많은 부담감을 가지면 글을 못 쓴다.

말을 잘하면 글도 잘 쓴다. 말하는 것을 그대로 글로 적으면 되기 때문이다. 하지만 말을 잘 하는 사람 모두가 글을 잘 쓸 수 있는 것은 아니다. 말은 잘하지만 글은 못 쓰는 사람들은 글 쓰는 것에 대한 부담감을 많이 가지고 있는 사람들이다. 이런 사람들은 본인이 블로그에 글을 쓰면 전국의 사람, 그리고 경쟁자들 모두가 본인의 글을 보고 글을 평가할 것이라 착각한다.

전문서적의 작가로서 또는 신문기자로서 글을 쓴다면 해박한 지식과 훌륭한 문장력으로 완벽한 글을 써야 한다. 하지만 우리는 책이나 신문이 아닌 블로그에 글을 쓴다. 블로그를 찾는 사람들은 완벽한 정보보다는 진솔한 이야기를 듣고자 한다. 오히려 블로그 글을 읽는 사람들은 완벽하지 않은 글, 오타가 약간 있는 글, 친구가 쓴 것 같은 편안한 글을 더 선호한다. 온라인 마케팅을 진행하려면 글을 많이 써야 한다. 너무 많은 부담감은 글을 쓰는 데 방해 요소가 되니 콘텐츠 생산을 위해 부담감은 잠시 내려놓는 것이 좋다.

너무 나쁜 사람은 좋은 글을 못 쓴다.

고객의 만족 따위는 신경 쓰지 않고 오직 자신의 이익만을 위해 남을 속이는 나쁜 사업자들은 좋을 글을 생산해 내지 못한다.
필자는 글에 필력이라는 것이 있다고 생각한다. 진심을 담아 글을 쓰면 글쓴이의 마음이 글을 읽는 사람들에게 전달되어 읽는 이의 마음을 움직이게 하는 글의 힘이다.

글쓴이의 감정이 잘 전달되게 하기 위해서는 진심을 담아 글을 써야 한다. 하지만 고객에게 나쁜 짓을 했거나 본인의 이익만을 추구하는 사업자는 상업적인 글은 쓸 수 있으나 진정 고객의 마음을 움직일 수 있는 필력이 높은 글은 쓰지 못한다.

진심을 담아 글을 쓰고 본인의 얼굴까지 넣어 만든 콘텐츠는 홍보성 글과는 비교가 안 되는 큰 효과를 발휘한다. 그리고 이러한 글은 가치가 있는 콘텐츠로 오랜 기간 홈페이지를 방문하는 사람들에게 사업자의 진심을 전할 수 있다. 바이럴 마케팅에 성공하려면 고객을 대하는 마음가짐부터 바꾸고 진심을 담아 글을 써야 한다.

친구와 대화 하듯이 글을 쓰자

글을 쓸 때 친구와 대화를 한다고 생각하고 글을 쓰자. 술자리에서 친구에게 이번에 나온 신상품에 대해 신나게 자랑하듯이 말이다. 친구에게 대화하듯이 부담 없이 글을 쓸 때 문맥도 자연스럽고 뜻 전달도 잘되는 글이 탄생한다.

글을 쓸 때의 부담감은 완벽함을 추구하기 때문에 생기는 것이다. 그 완벽함은 블로그 구독자들을 위한 것인데 정작 블로그 글을 읽는 사람들은 그렇게 완벽한 글을 원하지 않는다. 친구와 대화하듯이 편안하게 글을 쓰도록 하자.

멀티포스팅을 위한 카페 세팅 법

카페 만들기와 세팅에 대해 잠시 설명하겠다. 카페 세팅에 대해 간단하게 설명하는 이유는 정성스럽게 작성된 콘텐츠를 카페에 옮겨 카페글 검색 결과 영역에 노출시키기 위한 것이다.
카페 운영이 필요 없거나 카페 개설이 부담스럽다면 글을 올릴 수 있는 타인의 카페를 이용해도 상관없다. 카페마다 회원들이 자유롭게 글을 올릴 수 있는 게시판을 마련해 두고 있으니 이런 카페들을 찾아 포스팅을 하면 되겠다.
카페의 세팅도 블로그의 세팅과 별반 다르지 않고 세팅하는 방법 또한 검색을 통해 혼자 충분히 익힐 수 있다. 주의 깊게 세팅해야 할 내용만 짚고 넘어 가도록 하겠다.

카페 만드는 방법

인터넷 카페는 다음과 네이버에 가입하여 만들 수 있다. 두 사이트 모두 만드는 방법은 대동소이하므로 네이버카페를 예로 들어 설명하도록 하겠다.

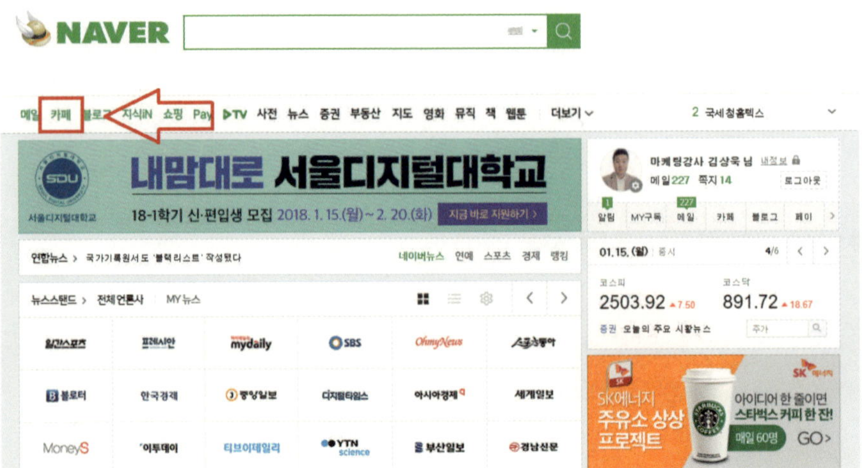

네이버 로그인>메인화면 좌측 상단>카페탭을 클릭한다.

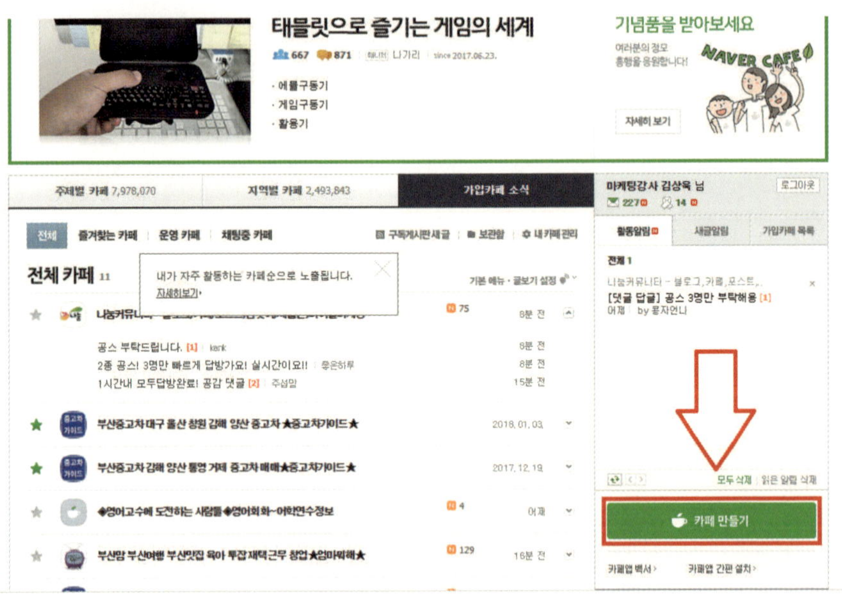

카페메인 화면 우측 하단에 카페 만들기를 클릭한다.

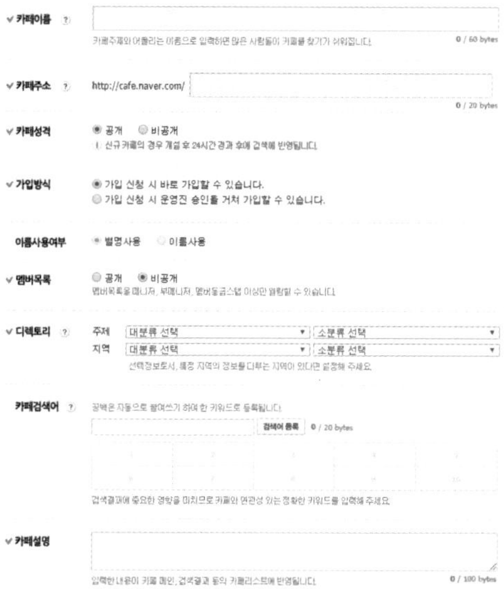

위와 같은 화면이 나오면 체크된 부분을 차례대로 입력하고 확인 버튼을 누르면 카페가 만들어진다.

카페 이름의 경우 신중을 기하는 것이 좋은데 만들고 나면 6개월간 변경이 불가능하기 때문이다.
카페 주소의 경우 만들고 난 후 수정이 불가능하므로 더욱 더 신중을 기해야 한다. 그 외 나머지 속성들은 카페를 만든 후 얼마든지 수정이 가능하므로 부담 없이 세팅을 해도 된다.

제목의 경우 카페가 카페 검색 결과에 노출이 되어 회원들이 카페를 찾아오기 쉽도록 제목에 업체명 또는 브랜드명, 서비스 내용 등을 넣어 만드는 것이 좋다.

예를 들어 강남역에 몸짱 휘트니스라는 헬스장을 운영하여 카페를 만든다고 생각해 보자. 몸짱 휘트니스에는 요가, 스피닝, 필라테스 프로그램이 있다고 가정하면 아래와 같이 이름을 만들 수 있다.

만약 몸짱 휘트니스라는 곳이 유명하지 않다면 회원들은 몸짱 휘트니스의 존재 자체를 몰라 해당 업체를 업체명으로 검색해서 카페에 찾아 오지 못한다. 강남역에서 헬스장, 요가, 스피닝, 필라테스 프로그램을 운영하는 곳을 찾는 고객이라면 "강남역헬스장, 강남역요가, 강남역스피닝"이라 검색을 할 수 있다. 위와 같이 이름을 정하면 각각의 키워드로 검색 결과에의 노출이 되어 고객들이 카페를 찾기가 쉬워진다.

가입질문 설정하기

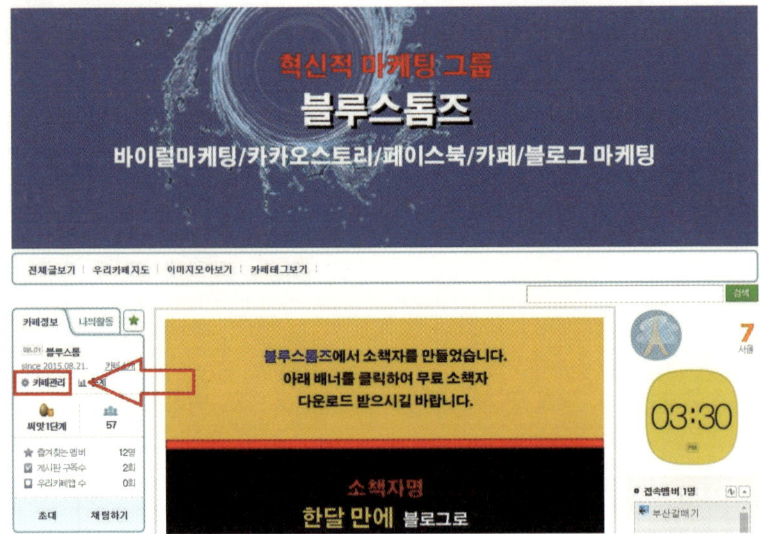

관리자로 로그인 후 카페를 방문하여 좌측 카페정보 하단에 "카페관리" 탭을 눌러 카페를 관리할 수 있다.

카페관리>가입/등급>가입정보관리를 누르면 회원이 카페를 가입 할 때 답변해야 하는 질문을 설정할 수 있다.

질문 1. | 객관식 ▼ | 무료 온라인마케팅 교육에 관심 있으신가요? | 삭제
예
아니요
클릭하면 추가

질문 2. | 객관식 ▼ | 무료 온라인교육 강의내용과 일정을 보내 드릴까요? | 삭제
예
아니요
클릭하면 추가

질문 3. | 주관식 ▼ | 전화번호와 거주 지역을 알려 주세요.(예: 010-7777-0000, 서울) | 삭제

- *무료 온라인마케팅 교육에 관심 있으신가요? 예/아니요*
- *무료 온라인교육 강의내용과 일정을 보내 드릴까요? 예/아니요*
- *전화번호와 거주 지역을 알려주세요. (예: 010-7777-0000, 서울)*

온라인 마케팅 학원을 운영하고 있고 학원의 홍보를 위해 카페를 만들었다고 가정해 보자.

그리고 마케팅을 위해 무료 온라인 마케팅 강의이벤트를 기획하였다고 가정해 보자. 고객이 사는 지역과 연락처를 얻기 위해 위와 같이 가입 질문을 세팅할 수 있다.

질문에 대한 답은 가입하는 회원이 쉽게 입력할 수 있도록, 되도록이면 객관식 질문을 사용하는 것이 좋으며 추가적인 고객의 DB를 얻고자 할 경우 작으나마 혜택을 주는 것이 좋다.

네이버 카페의 경우 회원이 카페에 가입하여도 운영자가 얻을 수 있는 고객의 DB는 아이디, 성별, 나이 정도뿐이라 마케팅에 적극적으로 활용할 수가 없다. 고객의 DB를 얻기 위해 위와 같이 이벤트를 기획하고 적당한 가입 질문을 설정하여 전화번호 등의 고객DB를 추가 수집하는 것이 좋다.

블로그 마케팅 과연 만병 통치약인가?

블로그 마케팅을 마치 매출을 올려주는 만병통치약으로 생각하는 사람들이 있다. 이런 사람들은 주변에서 블로그 마케팅으로 성공하는 경우를 많이 본 사람들이다.

하지만 블로그 마케팅을 해도 만족스러운 결과를 얻지 못하는 업종이 있다.

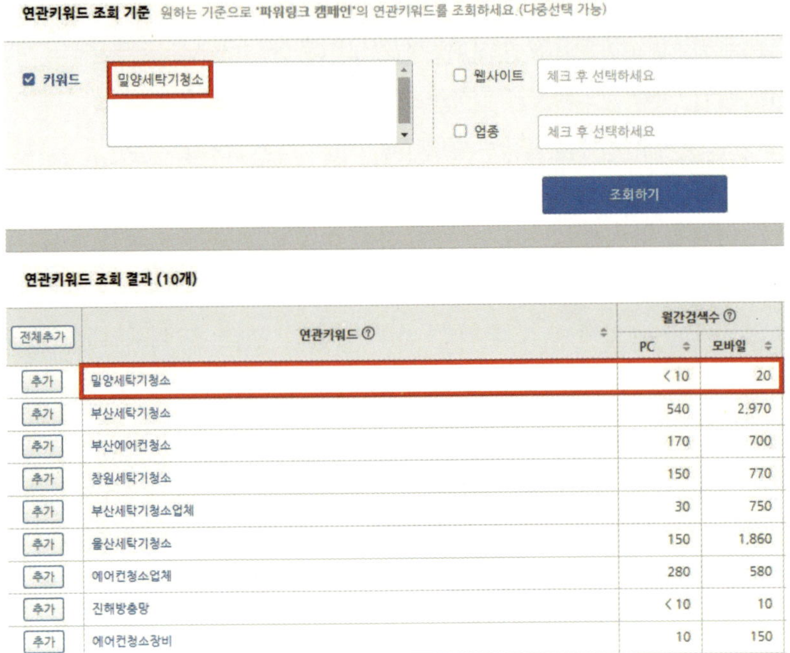

예전에 밀양에서 세탁기 청소업을 하는 사업자가 블로그 교육 수강을 희망하여 상담을 한 적이 있다.

이 사업자는 부산에서 세탁기 청소업을 하는 동료에게 블로그 마케팅이 효과가 좋다는 소문을 들은 모양이었다.

상담에 앞서 비지니스 키워드의 조회수를 알아보았다.

밀양에서 세탁기 청소업을 하는 사업자와 가장 관련이 있는 키워드는 "밀양세탁기청소"라는 키워드이다.

하지만 밀양세탁기청소 키워드의 월 조회수는 모바일, PC 검색량을 합쳐 월 30회에 미치지 못했다.

반면 블로그 마케팅으로 효과를 보았던 부산 업체의 경우 "부산세탁기청소"라는 키워드의 월 조회수가 3,510회에 달했다.

네이버를 이용하는 검색 사용자들은 네이버 메인 검색창에서 해당 키워드로

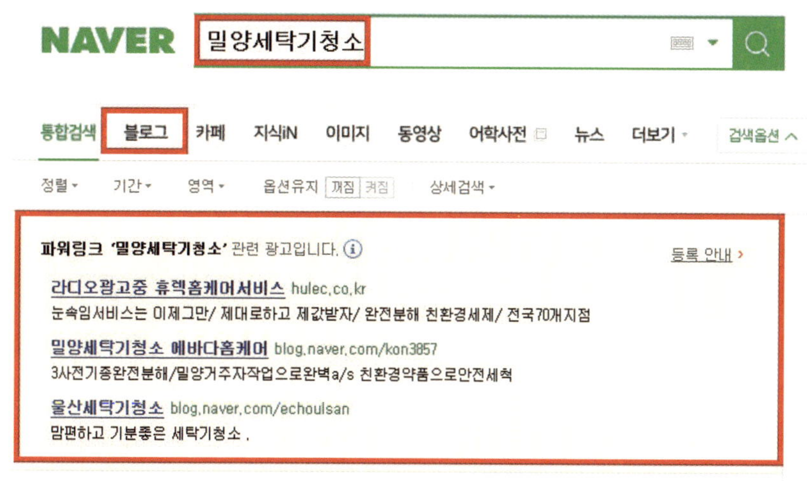

검색을 한 후, 후기를 보기 위해 블로그 검색 결과 영역으로 이동을 한다.

이때 키워드 자체의 조회수가 적다면 블로그로 이동하는 검색 사용자들의 수도 적게 된다.
결론적으로 조회수가 적은 키워드를 가진 사업자는 블로그 마케팅을 해도 그렇게 큰 효과를 거두지 못한다는 이야기이다.

그러면 이런 사업자의 경우 어떻게 온라인 마케팅을 진행해야 하겠는가?
이 사업자의 경우 고객이 검색을 통해 본인의 비지니스로 찾아오기만을 기다리지 말고 적극적인 광고를 해야 한다.

페이스북의 잠재 고객 확보 광고나 주변지역광고를 활용하면 효과적으로 타겟 고객에게 비지니스를 알릴 수 있다. 이때 블로그 마케팅은 보조적인 수단 정도로만 생각해야 한다.

또한 이렇게 조회수가 적은 키워드의 경우 키워드 검색 광고의 경쟁이 치열하지 않은 경우가 많다.
밀양세탁기청소 키워드의 경우 경쟁이 낮은 관계로 총 15개 업체가 광고할 수 있는 영역에 불과 세 개의 업체가 광고를 하고 있다. 이런 상황이라면 가장 낮은 클릭당 비용, 70원으로 검색 결과 첫 페이지에 홈페이지를 홍보할 수 있는 특혜를 누릴 수 있다.
키워드 검색 광고는 블로그 검색 결과보다 상위에 있으므로 블로그보다 클릭을 받을 확률이 더 높다. 그리고 클릭 당 비용이 70원이고 월 조회수가 적으므로 부담 없이 광고를 진행할 수 있다.

모든 마케팅 도구들은 각각 장단점을 가지고 있다. 사업자는 사업의 성장단계, 특수성을 고려해 가장 알맞은 마케팅 도구를 선택해 마케팅을 진행해야 한다.
남이 블로그 마케팅을 해서 잘 된다고 해서 나도 잘 되는 것은 아니다.

본인의 비지니스에는 어떤 마케팅 도구의 활용이 적합한지를 알려면 마케팅에 대한 통찰이 필요하다.

블로거의 두 부류 막가파와 정통파?

필자가 생각하기에 블로그 마케팅을 하는 사람은 두 부류로 나누어진다.
그 첫 번째 부류는 막가파로 블로그 검색 결과의 상위 노출과 점유율을 높이기 위해 대량의 포스팅을 생산해 내는 부류이다. 두 번째는 정통파로 검색 결과 따위에는 신경 쓰지 않고 오직 자신의 전문성을 피력하기 위해 양질의 글을 생산해 내는 블로거이다.

국어사전

막가파 오픈사전 ?
1.막무가내로 언동을 하는 사람을 비유적으로 일컫는 말.

막가파 블로거는 블로그 마케팅 초보자인 경우가 많다. 비지니스와 관련된 키워드를 선별하여 모든 키워드 검색 결과에 본인의 글을 상위 노출시키려 한다. 본인의 글이 상위 노출되고 나면 1페이지 내 점유율을 높이기 위해 더 많은 포스팅을 한다.

포스팅은 최신성이라는 검색 로봇의 로직에 의해 가만히 두면 새로운 글에 의해 자연스레 뒤로 밀려나게 된다.
막가파는 이것을 절대 두고 보지 못하므로 점유율을 유지하기 위해 계속적으로 엄청난 양의 포스팅을 생산해 낸다.
블로그 하나로는 이 많은 포스팅을 소화해 낼 수 없으므로 여러 개의 블로그를 운영하기도 한다.

막가파 사업자의 경우 블로그 포스팅 전담 직원을 두기도 하는데 이들이 고용한 블로그 포스팅 직원들은 하루 종일 엄청난 속도로 포스팅을 생산해 낸다.

그런데 이렇게 급하게 그리고 비전문가에 의해 생산되는 글은 글을 읽는 고객에게 감동을 줄 수 없다.
포스팅이 고객에 의해 읽힌다 하더라도 고객의 마음을 움직일 수 없어 작업량에 비해 큰 효과를 내지는 못한다.

그리고 막가파의 경우 마케팅에 있어 블로그 의존도가 높은 편인데 이런 사업자의 경우 블로그의 로직이 바뀌어 블로그 글이 갑자기 순위에서 뒤로 밀려나거나 노출이 되지 않을 때 사업에 상당한 타격을 받게 된다.

이런 단점에도 불구하고 블로그 마케팅을 하는 대부분의 마케터들이 막가파의 길을 걷고 있다. 대부분의 경쟁자들이 이런 식으로 포스팅을 하고 있어 본인도 같은 방법으로 경쟁을 하게 되었고 더 나은 방법은 없다고 생각하기 때문이다.

그렇다면 정통파는 어떠한 포스팅을 하며 블로그 마케팅을 진행할까?

국어사전

<u>정통파</u> (正統派) [정 : 통파] 🔊
[명사] 어떤 학설이나 주장, 가르침을 가장 바르게 이어받은 파.

국어사전에 나오는 정통파의 의미가 그러하듯 정통파 블로그는 블로그 마케팅의 본질을 가장 바르게 이어받은 사람이다. 이 정통파들은 애초 검색 상위 노출에 대해서는 관심이 없다. 어떻게 해서 내 블로그에 사람들이 방문을 하는지 따위는 신경 쓰지 않고 블로그에 오로지 본인의 전문성만을 피력한다.

블로그 마케팅을 바이럴 마케팅이라 부른다. 바이럴이란 virus(바이러스)와 oral(입의)의 합성어이다.

바이럴 마케팅은 마치 바이러스처럼 사람과 사람의 입을 통해 소식을 전파하는 마케팅이다.

사람들의 입을 통해 전파되는 소식들은 정보로서 가치가 있는 소식들이다. 막가파가 만들어 내는 포스팅은 절대 바이럴 현상이 일어나지 않는다. 단지 상위에 노출이 될 뿐이다. 반면 정통파가 만들어내는 포스팅은 바이럴 현상이 일어난다.

하지만 정통파의 블로그 마케팅은 상위노출을 염두에 두고 글을 쓰지 않아 효과가 즉각적이지 못하다. 정통파들은 블로그 마케팅과 SNS 마케팅을 병행하는 것이 좋다. 양질의 블로그 글은 SNS에서 많은 바이럴 현상이 일어나기 때문이다.

필자는 이 자리를 빌어 고백을 하겠다. 필자도 거의 5년 동안 막가파 블로거로 살며 많은 포스팅을 생산해 냈었다. 하지만 막가파의 블로그 마케팅은 세월이 지나면 남는 것이 없다.

지금은 정통파 블로거의 길을 걷고 있다. 검색 결과 상위 노출에는 신경 쓰지 않고 전문성을 피력하거나 감동을 주는 포스팅을 생산해 낸다. 그리고 그 포스팅을 페이스북에 올리고 사람들과 공유한다. 이때 보다 빠른 바이럴 현상을 일으키기 위해 약간의 페이스북 유료 광고를 집행한다.

블로그 마케팅은 블로그 검색 결과에서 우위를 점하기 위한 마케팅이 아니다. 그리고 블로그 외에도 성능이 좋은 마케팅 도구가 많은 요즘에는 블로그 마케팅에 사업의 성패를 걸고 막가파의 인생을 사는 것은 우둔하고 위험한 짓이다.

이 책을 읽는 분들은 "어떤 학설이나 주장, 가르침을 가장 바르게 이어받는" 블로그 마케팅 정통파의 길을 걷기를 바란다.

블로그 운영으로 작가가 되는 법

블로그 운영을 열심히 하다 보면 하루에 2~3개의 글을 생산해 낼 수가 있다. 정통파 블로거가 생산해 내는 글은 양질의 글로써 블로그의 글을 모아 책으로 편찬하기에도 손색이 없다.

실제 책을 쓰는 사람들이 책으로 펴낼 내용의 일부를 미리 블로그나 SNS에 공개하여 책을 미리 마케팅하는 경우도 있다. 책의 편찬과 홍보를 동시에 하는 것이다. 이를 반대로 하면 블로그 운영으로 책을 편찬하여 사업도 잘 되게 하고 책의 저자로서 전문성도 피력할 수 있다는 이야기가 된다.

내가 나를 전문가라고 말하는 것은 신빙성이 없다. 필자와 같이 지식과 경험을 파는 사업을 하는 사람들에게는 책의 편찬이란 아주 훌륭한 마케팅 자원이 된다.

고객은 이왕이면 해당 업종의 전문가로부터 서비스 받기를 원한다. 서비스를 받을 사업자를 선택할 때 사업자가 관련 분야에 책을 썼다고 하면 사업자에 대한 고객의 믿음은 배가 된다.

책을 편찬한다고 해서 돈이 많이 들거나 엄청난 양의 글을 써야 하는 것은 아니다. 전자책으로 출판할 경우 출판 비용에 대한 부담을 줄일 수 있고 내용이 적을 경우 소책자로 간단하게 책을 만들어 낼 수도 있다.

아래 소책자를 활용하여 마케팅을 성공적으로 진행한 업체를 소개한다.

위 책은 중고차 가이드북이란 책으로 중고차를 저렴하게 사는 법, 사고 차 판별법, 간단한 자동차 정비상식 등의 내용을 담고 있는 책으로 중고차 매매 업체가 고객에게 무료로 나누어 주는 책이다.

이 책은 50페이지 정도의 적은 분량으로 전자출판을 통해 만들어진 책이다. 전차출판 책의 경우 배송과 제작비용에 대한 부담이 없어 마음껏 고객에게 나누어 주며 마케팅에 활용할 수 있다.

이런 소책자 마케팅의 장점은 고객에게 신뢰를 줄 수 있다는 점과 책을 무료로 나누어 줄 수 있다는 점이다.

질문 1.   주관식 ▼   반갑습니다. 가입경로 and 거주 지역은요?(예:페이스북,검색,소개,문자/ 부산살아요)

질문 2.   주관식 ▼   어디에 관심이 있으신가요?그리고 시기는 언제로 잡고 계시나요?(판매,구입,판매+구입, 할부구(

질문 3.   주관식 ▼   구입과 판매할차 종류는요?(차종,년식,사양,색깔,예산,7월 등 상세하게 적어주시면 좋습니다^^)

질문 4.   주관식 ▼   전화번호 남겨주세요~최저가 매물 입고 시 연락 드리며 "중고차가이드북" 무료로 드립니다.

이 업체는 마케팅을 통해 고객이 카페 가입을 하도록 유도하고 가입 시 가입 질문을 남겨 전화번호를 남기도록 유도한다.

고객들은 개인의 신상정보를 남기기를 꺼리는데 위와 같이 무료로 무언가를 주겠다고 하면 고객이 개인 정보를 남길 확률이 높아진다.

필자의 경우도 블로그에 글을 쓰며 글의 일부를 책의 원고로 사용하고 있다.

한 권의 책이 완성되기 위해서는 대략 100개 정도의 글이 필요한데 하루 2~3 개씩 포스팅을 하면 불과 한두 달 만에 책을 편찬하는 데 필요한 원고를 만들 어 낼 수 있다.

블로그 운영으로 책 편찬(전문성 피력) 그리고 마케팅의 두 마리 토끼를 잡는 격이다.

책을 쓰는 것에 대해서 한 번도 생각해 보지 않았던 사람들은 책의 편찬이 나 와 관련이 없는 이야기라고 생각하겠지만 실제 책의 종류와 책의 주제는 엄청 나게 다양해서 누구나 작가가 될 수 있다.

본인의 생각이나 지식, 경험 모두가 책의 소재가 된다. 굳이 책을 내지 않아도 좋다. 하지만 본인이 블로그에 쓰는 글이 책이 될지도 모른다 생각하고 글을 써 보길 바란다. 손해 볼 것은 없으니 말이다.

필자가 책을 쓰며 쌓은 책 쓰기에 대한 노하우를 공유해 보도록 하겠다.

1. 주제를 선정하자

서점에 가서 어떠한 종류의 책들이 있는지 보고 머리말이라도 조금씩 읽어 보기 바란다. 실제 생각지도 못한 경험과 지식들이 책으로 만들어지고 있다는 것을 알 수 있다. 별거 아닌 것처럼 여기고 있는 여러분의 지식이나 경험들도 누구에게는 좋은 정보가 될 수 있다.

먼저 나에게는 어떤 특별한 경험이나 지식이 있는지를 떠 올려 보고 책을 쓸 주제를 선택해 보길 바란다. 특별한 지식이나 경험이 없다고 하더라도 평범한 본인의 생각이나 느낌을 책으로 만들어 낼 수 있다.

어쩌면 여러분은 블로그 운영을 하며 이미 책을 편찬하기에 충분한 독특한 주제를 정하고 글을 써 내려가고 있는 중일 수도 있다.

2. 목차를 만들어라

책은 일정량 이상이 되어야 편찬이 가능함으로 목차를 만들어 보면 내가 쓸 책의 내용이 어느 정도 되겠는지 가늠해 볼 수가 있다.

대분류를 정하고 대분류 안에 들어갈 세세한 글의 목차를 먼저 만들어 보면 책의 줄거리도 자연스럽게 완성이 된다.

3. 글의 연관성을 없애자

사실 책을 쓴다는 것은 보통 힘든 일이 아니다. 필자의 경우도 블로그 포스팅을 할 경우에는 시간이 얼마 걸리지 않으나 책의 원고를 쓰는 데는 많은 시간이 소요되었다.

필자가 쓴 책의 경우 장편 소설처럼 글에 순서가 있고 글마다 연관성이 있었기 때문이다. 이렇게 책의 내용에 스토리가 있을 경우 새로운 글을 중간에 삽입하거나 글의 줄거리를 바꾸고자 할 때 글 전체를 수정해야 하는 번거로운 문제가 생긴다. 그러니 초보자의 경우 글의 연관성을 줄여 글을 쓰는 것이 좋다.

페이스북 마케팅

1) 페이스북 마케팅의 이해
페이스북 마케팅의 장점

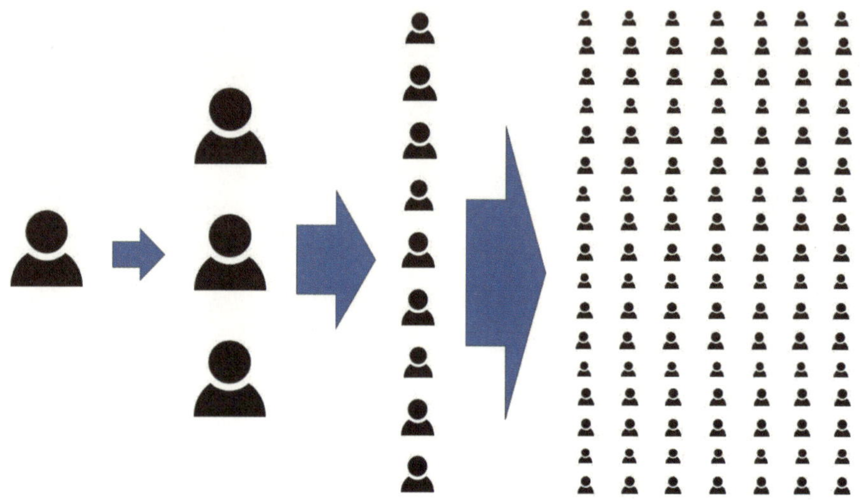

블로그 마케팅이나 키워드 검색 광고는 바이럴 현상이 일어나지 않아 1+1이 2
가 되는 광고이다.

페이스북 마케팅은 1+1이 3이상이 되는 광고이다. 페이스북 마케팅에서 1+1이
2가 아닌 그 이상이 되는 이유는 페이스북의 공유 확산 현상 때문이다.

공유 확산 기능 때문에 콘텐츠의 질이 좋을 경우 마케팅의 효과가 극대화 될
수 있다.

페이스북 마케팅

페이스북 광고는 정밀 타게팅, 페이스북 픽셀을 활용한 리타게팅 기능이 있어 더욱 더 매력적으로 느껴진다. 또한 최저비용 1,000원으로 광고를 집행할 수 있어 부담 없이 진행할 수 있는 광고이다.

페이스북은 매년 엄청난 성장세를 보이고 있다. 2017년 페이스북 실적 평가 자료를 보면 일일 이용자 수가 전년 대비 17% 상승하였고, 일 액티브 사용자 수는 10억 3백만 명으로 늘어났다. 그리고 매출은 약 10조 원 정도로 작년 동기 대비 45% 상승으로 엄청난 성장세를 매년 이어나가고 있다.

페이스북 대부분의 수익은 광고 수익이다. 이는 페이스북이 홍보를 하기에 적합한 마케팅 툴임을 증명하는 내용이기도 한데 실제 소셜 미디어 마케터들을 대상으로 조사한 설문 결과에 따르면 "마케터가 생각하는 투자 대비 수익이 가장 높은 SNS"라는 결과가 나오기도 하였다.

그리고 요즘 젊은 층에게 후기 공유에 있어 선풍적인 인기를 끌고 있는 인스타그램에 광고를 하기 위해서라도 페이스북 마케팅은 필수라 하겠다. 인스타그램 광고는 페이스북 광고를 함으로서 가능하기 때문이다. 인스타그램과 합쳐 생각해 보면 단연 페이스북이 SNS 마케팅 도구로서 1순위임에 틀림이 없다.

스마트 마케팅을 위한 기본 세팅

크롬 브라우저 세팅

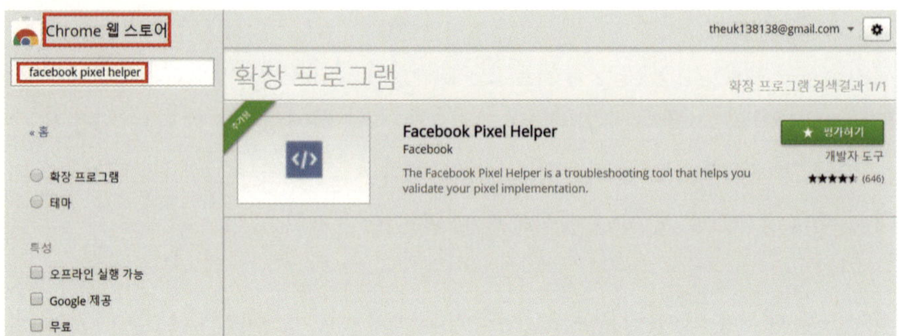

페이스북은 크롬 브라우저에 최적화 되어있다. 페이스북을 익스플로러에서 사용하면 오류가 날 수 있어 페이스북 마케팅을 진행할 때에는 크롬을 이용하는 것이 좋다.

페이스북 광고 시 필수적으로 사용해야 하는 페이스북 픽셀헬퍼(facebook pixel helper)도 크롬브라우저에서만 작동을 한다.

크롬 웹 스토어에서 페이스북 픽셀헬퍼를 검색하여 설치하면 페이스북 픽셀(홈페이지 내 일종의 감시 카메라, 페이스북 리마케팅을 위한 필수 도구)이 정상적으로 설치되어 작동되고 있는지 확인이 가능하다.

"

픽셀헬퍼를 설치하고 홈페이지에 방문하면 우측 상단에 몇 개의 페이스북 픽셀이 정상 작동되고 있는지 확인이 가능하다. 경쟁사의 홈페이지에 방문을 하여 경쟁사가 페이스북 픽셀을 활용하여 마케팅을 하고 있는지의 여부도 확인이 가능하다.

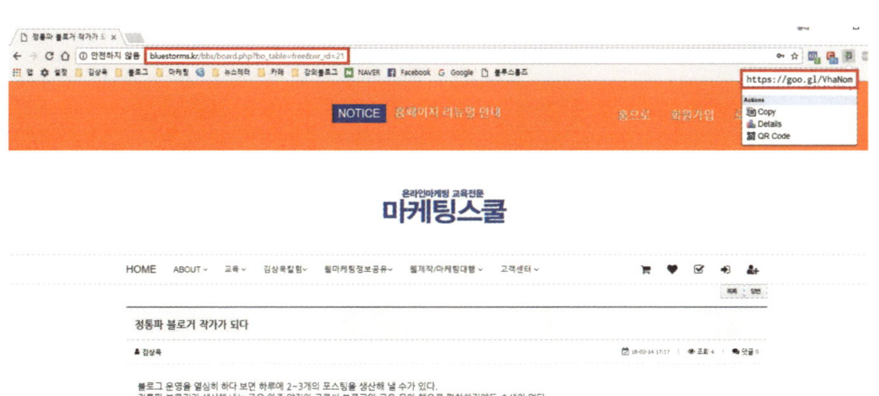

크롬 브라우저의 또 하나의 장점은 구글쇼트너(goo.gl urlshortner)를 이용할 수 있다는 점이다. 온라인 마케팅을 진행하다 보면 고객들에게 우리 웹 페이지의 주소를 보내는 경우가 많다. 너무 긴 주소는 지저분해 보이고 지면을 많이 차지하므로 구글쇼트너를 사용하여 주소를 짧게 줄여 사용하는 것이 좋다. 웹 스토어에서 구글쇼트너를 설치하여 사용하기 바란다.

그리고 크롬의 동기화 기능을 사용하면 언제 어디서든 다른 컴퓨터에서 구글에 로그인하여 본인의 북마크, 자동완성, 확장 프로그램, 방문기록, 비밀번호 등의 세팅을 불러와 사용할 수 있어 편리하다. 크롬 동기화에 대해 검색해서 공부하고 동기화 기능을 사용해 보기 바란다.

크롬 브라우저는 네이버나 다음에서 다운 받아 설치할 수 있고 페이스북 필셀 헬퍼와 구글쇼트너는 크롬 웹 스토어에서 검색 및 추가하여 사용할 수 있다.

기능 및 구조 쉽게 파악하는 법

페이스북 도움말 이용하기

요즘 주변에 페이스북 마케팅이 효과가 있다는 소문을 듣고 페이스북을 시작하려고 하는 사람들이 많다.
하지만 막상 시작해 보면 페이스북의 수많은 기능들 때문에 원활하게 페이스북 마케팅을 진행하기가 힘들다는 것을 알게 된다. 다행스럽게도 아래와 같이 페이스북 도움말을 활용하면 페이스북 사용에 대한 상세한 사용법을 참고 할 수 있다.

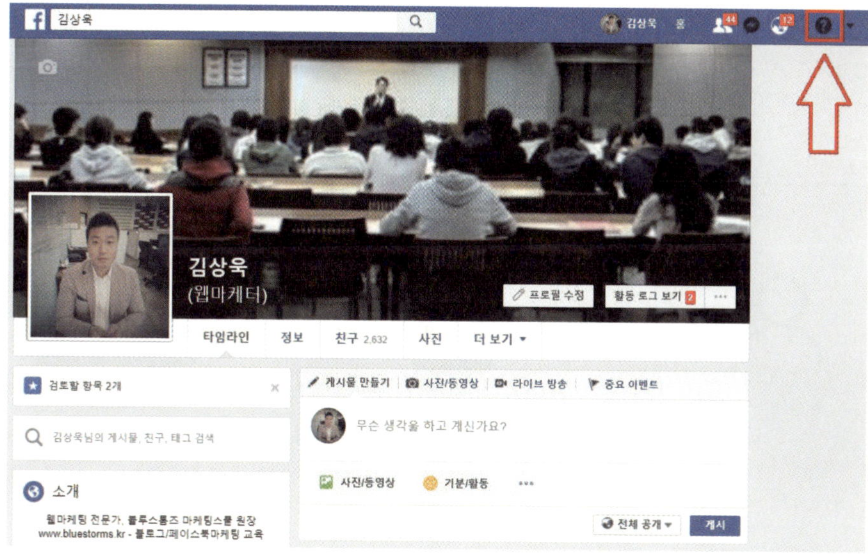

위 사진을 보면 우측 상단에 물음표 표시가 있다. 이 표시는 "빠른 도움말" 기능으로 페이스북 기능에 대해 궁금한 사항이 생길 때 이용하면 아주 유용하다. 클릭을 하게 되면 검색창이 나타나게 되는데 이곳에 궁금한 사항을 검색해 보면 관련된 상세한 정보를 볼 수가 있다.

페이스북 관련 참고 사이트

페이스북 비지니스 https://www.facebook.com/business

페이스북 광고 고객센터 https://www.facebook.com/business/help

페이스북 광고 도움말 https://www.facebook.com/business/resources

페이스북 광고 가이드 https://www.facebook.com/business/ads-guide

비지니스 관리자 https://business.facebook.com

텍스트 오버레이 도구 https://www.facebook.com/ads/tools/text_overlay

페이스북의 구조 쉽게 파악하는 법

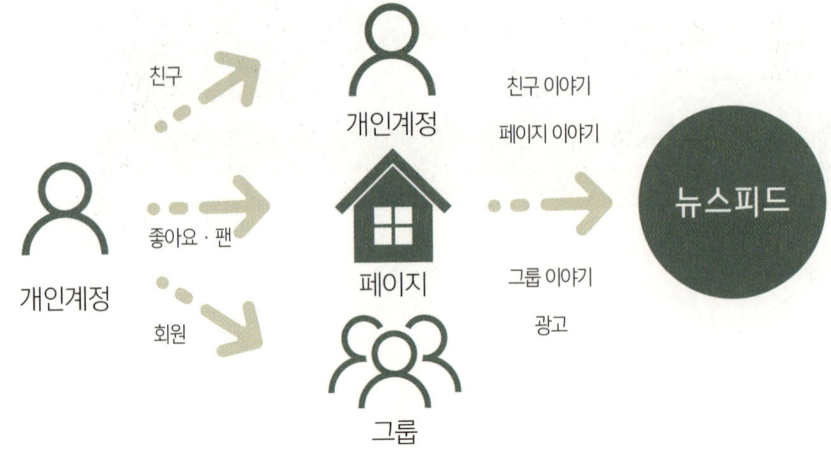

페이스북을 처음 접하게 되면 기본 구조를 이해하기가 힘들다. 페이스북을 시작하기 전에 페이스북의 기본구조를 먼저 이해하면 페이스북 마케팅을 훨씬 원활하게 진행할 수 있다.

위 그림은 페이스북 기본 구조를 이해하는 데 도움이 되도록 그린 그림이다. 그림에 나오는 용어는 개인계정, 페이지, 그룹, 뉴스피드, 타임라인, 친구, 팬, 회원이란 8개의 단어이다. 이 8개의 단어만 이해하면 페이스북의 기본 구조를 어느 정도 파악할 수 있게 된다.

개인계정은 마치 블로그와 같이 페이스북 속에 존재하는 나만의 공간이라고 생각하면 된다. 개인계정 내에 본인이 올린 글이 시간대 별로 보이는 공간을 타임라인이라고 부르고 내가 좋아요 한 페이지, 가입한 그룹, 친구들의 소식, 광고 등이 함께 어우러져 보이는 공간을 뉴스피드라고 부른다.

친구, 팬, 회원이라는 용어는 비슷한 개념이다. 개인계정은 서로 친구신청 및 수락을 하여 관계가 맺어 지고 서로를 "친구"라는 호칭으로 부른다. 그리고 계 인계정과 페이지는 개인이 페이지에 좋아요를 눌러 관계가 형성되고 "팬"이라 는 호칭을 사용한다. 그룹은 개인이 그룹에 가입을 함으로써 관계가 형성되고 "회원"이라는 단어를 사용한다.

위 사진은 페이스북의 PC메인화면이다. 크게 세 개의 영역으로 나누어 이해하 면 되는데 가장 왼쪽 영역은 운영하는 페이지와 그룹으로 바로가기, 광고관리, 친구관리, 페이지/그룹 만들기 등의 링크가 표시된다. 나와 가장 관련이 높고 중요한 주요 메뉴들이 표시되는 내비게이션 영역이다.

그리고 중간 부분은 뉴스피드 영역인데 이 부분에는 내 친구, 내가 좋아요를 누른 페이지의 소식, 가입한 그룹의 소식, 광고가 섞여서 노출되는 공간이다. 그리고 가장 우측 부분은 광고와 페이스북 공지사항 등의 소식이 개인 맞춤형 으로 노출되는 영역이다.

개인계정 / 페이지 / 그룹의 이해

	개인계정	페이지	그룹
사람수	친구 5,000명	팬 무제한	회원 무제한
용 도	퍼스널브랜딩	비지니스	커뮤니티
광 고	불가능	가능	불가능
관 계	친구 신청 / 수락	좋아요	가입
관 리	본인	함께	함께

개인계정 이해하기

개인계정은 블로그와 같이 개인적으로 운영하는 계정으로 친구와의 소통, 퍼스널브랜딩을 위한 공간이다. 페이스북에 가입하게 되면 자동으로 생성이 되는 이 개인계정은 친구관계를 5,000명까지 맺을 수 있다.

개인계정 운영 시 가장 주의해야 할 점은 개인계정에서 상업적 홍보를 해서는 안되며 1인 1계정을 사용해야 한다는 점이다. 개인계정에 상업적 홍보를 하거나 1개 이상의 계정을 사용하면 어느 날 갑자기 계정에 로그인이 안되는 현상이 생길 수 있다.

개인계정에 로그인이 안 된다는 말은 개인계정과 연결된 자산, 즉 페이지와 페이지 운영을 통해 만든 맞춤 타겟(리마케팅 광고를 위해 모은 고객리스트), 그룹 등에 대한 권한을 모두 잃게 된다는 말이다.

페이스북 마케팅이 까다로운 이유 중 하나는 페이스북 이용 중 문제가 생길 때 즉시 문제를 해결해 줄 전화상담 고객센터가 없다는 것이다. 계정이 정지될 경우 원활하게 문제를 해결할 수 없으니 약관 내용을 잘 읽어 보고 페이스북 마케팅을 시작하는 것이 좋다.

페이지 이해하기

페이지는 상업적 활동이 가능한 비지니스계정이다. 개인계정에서는 상업적인
활동을 할 수 없고, 페이지에는 여러 기능이 있어 페이스북 마케팅을 하기 위
해서는 페이지의 운영이 필수적이라 하겠다.

개인계정의 경우 친구관계가 5,000명으로 제한되어 있지만 페이지에서는 친
구의 개념인 팬을 무제한 늘릴 수 있다. 그리고 관리자 지정 기능이 있어 페이
지를 여러 사람이 함께 운영할 수도 있고 유료 광고도 가능하다.

그룹 이해하기

그룹은 커뮤니티 형성을 위한 공간이다. 포털 사이트의 카페와 그 성격이 비슷하다고 생각하면 이해하기 쉽다. 비밀/공개/비공개 그룹으로 나뉘며 개인이 자유롭게 개설하여 운영할 수 있고 페이지처럼 여러 운영자를 두어 함께 관리가 가능하다.

2) 개인계정을 이용한 마케팅
개인계정으로 퍼스널브랜딩 하기

개인계정도 마케팅을 위해 활용할 수가 있다. 상업적 활동은 제한이 되어 있지만 본인의 전문성을 피력하는 글을 올려 본인을 퍼스널브랜딩할 수 있다. 개인계정을 통해 마케팅을 하는 방법에 대해서 알아보도록 하자.

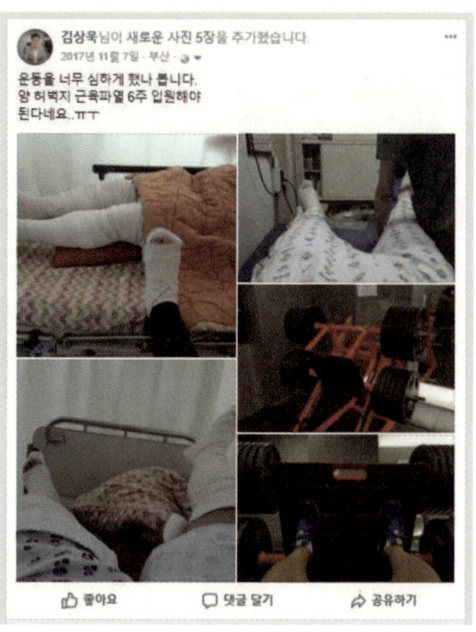

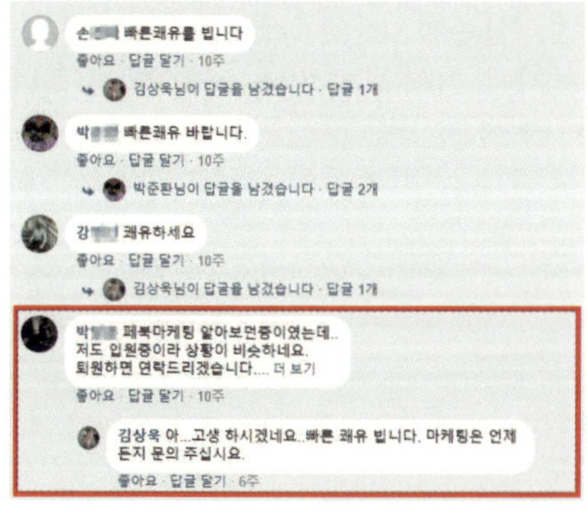

평소 필자는 개인계정에 필자가 마케팅 강사라는 것을 알리고 전문성을 피력하기 위해 마케팅에 대한 정보를 올리고 있다. 내 페이스북 친구들은 꾸준히 올라오는 필자의 글을 보고 필자가 마케팅 강사라는 것을 알고 있다.

어느 날 필자가 다쳐서 병원에 입원한 적이 있었는데 페이스북 친구 중의 한 명이 위와 같은 댓글을 달았다. "페북 마케팅 알아보던 중이었는데, 저도 입원 중이라 상황이 비슷하네요. 퇴원하면 연락드리겠습니다."라는 내용이다. 이 페이스북 친구는 퇴원 후 실제 필자에게 연락을 했고 필자의 고객이 되어 주었다.

여러분도 퍼스널브랜딩을 위해 여러분이 알고 있는 지식이나 경험을 개인계정에 꾸준히 포스팅 하면 여러분의 페이스북 친구에게 여러분을 알리고 자신을 브랜딩할 수 있다.

개인계정 글쓰기 노하우

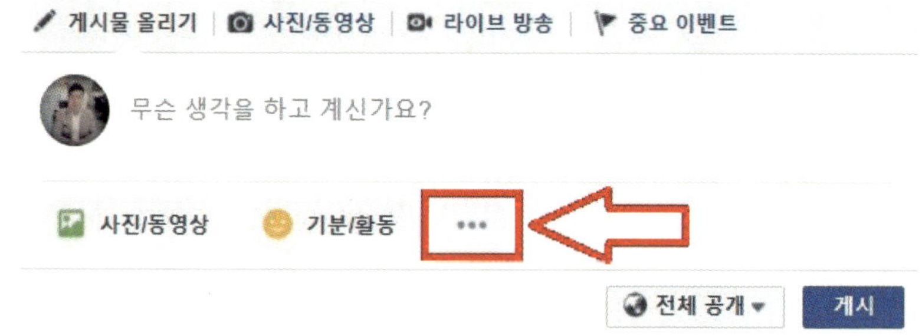

위 이미지는 개인계정 글쓰기 창의 모습이다. "···" 버튼을 누르면 더 많은 글쓰기 기능을 볼 수가 있다. 많은 글쓰기 기능 중 유용한 기능 몇 가지를 설명하도록 하겠다.

체크인 기능 사용하기

체크인 기능을 사용하면 비지니스 위치가 등록되어 있는 페이지나 장소를 노출시킬 수 있어 매장 홍보에 유용하게 사용할 수 있다.

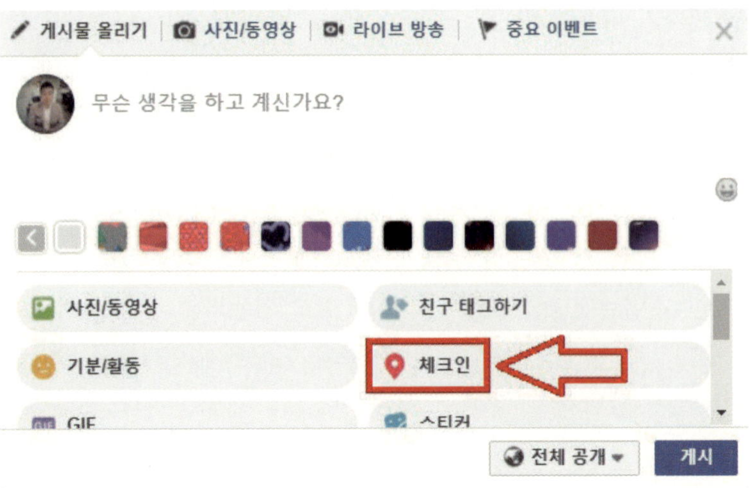

"…" 표시를 누르면 위 이미지와 같이 글쓰기 기능이 펼쳐진다. 그중에서 "체크인" 항목을 눌러 보자.

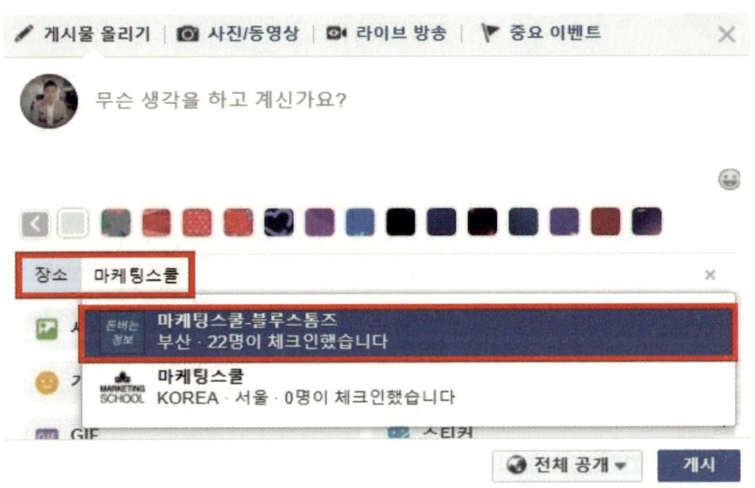

위와 같은 이미지가 나오면 "장소"에서 장소를 입력하고 원하는 페이지나 장소를 선택해 보자. 그러면 아래와 같이 해당 장소와 페이지의 지도가 보이는 화면이 나타난다.

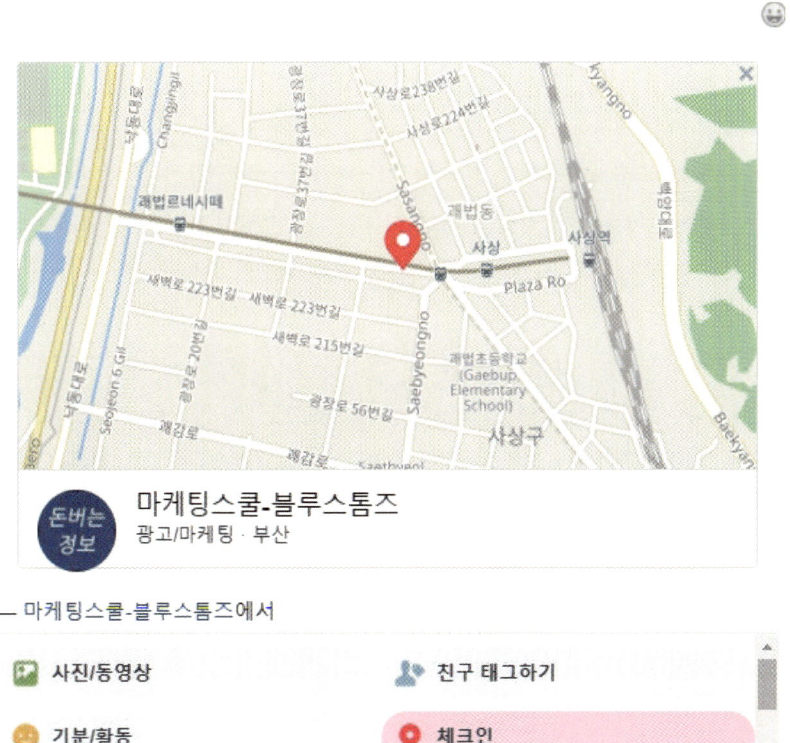

위와 같은 이미지가 나타나면 원하는 텍스트를 입력하고 포스팅을 마무리하면 된다.

이때 사진을 첨부하면 지도 이미지가 사라진다.

해시 태그 사용하기

지형 공간정보체계 용어사전

Hashtag

해시 태그

소셜 네트워크 서비스 등에서 사용되는 것으로, 해시 기호(#) 뒤에 특정 단어를 쓰면 그 단어에 대한 글을 모아서 볼 수 있다. 해시 태그는 개인 타임라인 또는 페이지의 게시물에 사용된 주제와 문구를 클릭할 수 있는 링크 형식으로 바꿔주며 관심 있는 주제에 관한 게시물을 찾을 때 유용하게 사용할 수 있다.

해시 태그를 만들려면 #(숫자 기호)를 주제 또는 문구와 함께 써서 게시물에 추가하면 된다. 예를 들어, "정말 귀여운 강아지를 봤어요! #강아지" 해시 태그를 클릭하면 해당 해시 태그가 포함된 게시물이 표시되며, 페이지 맨 위에 관련 해시 태그가 표시되기도 한다. 해시 태그는 공백 없이 한 단어로 구성되어야 하며, 숫자를 포함할 수 있으나 문장 기호나 특수 문자(예 : $ 및 %)는 올바르게 작동하지 않는다. 모든 페이지 위에 있는 검색 창을 사용하여 해시 태그를 검색할 수 있다.

해시 태그는 트위터에서 그 기능을 처음 선보인 이래 거의 모든 SNS에서 사용하고 있는 검색 색인 기능이다. 위와 같은 기능을 가진 해시 태그를 포스팅 시 적절히 사용하면 해당 키워드에 관심이 있는 사람들에게 내 글이 보일 확률이 높아진다.

해시 태그는 본문 중 총 30개 사용이 가능하다. 하지만 노출을 의식한 나머지 너무 많은 해시 태그를 사용하면 검색 사용자에게 혼란을 줄 수가 있다. 글의 내용과 관련이 있는 키워드 1~10개 정도를 해시 태그로 사용하여 관심사를 가진 사람들에게 내 글을 노출시키도록 하자.

게시글 친구 태그하기

글을 쓸 때 친구 태그하기 기능을 사용하면 나와 친구의 타임라인에 동시에 글을 포스팅할 수 있다. 아래 이미지 순서대로 따라 해 보도록 하자.

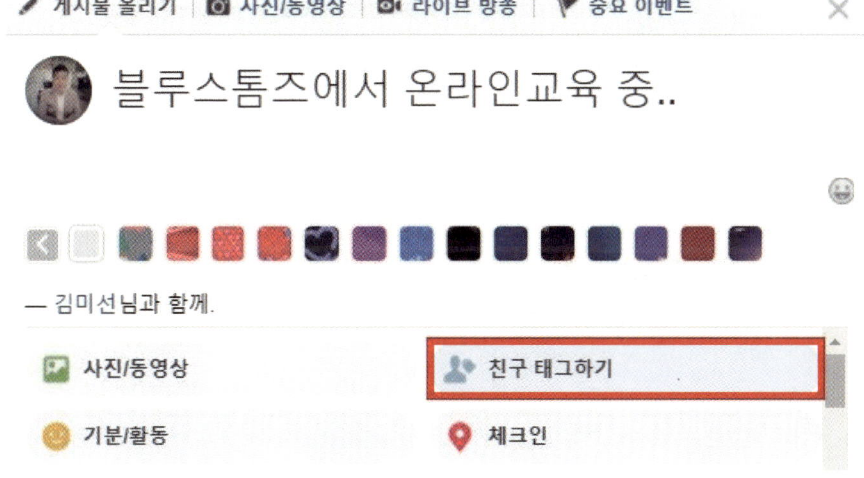

글쓰기 창에서 "친구 태그하기" 버튼을 클릭한다.

"함께한 친구"에서 친구의 이름을 검색하고 자동으로 보이는 검색 결과에서 친구의 이름을 클릭한 후 글을 게시하면 게시글 친구 태그하기가 완료 된다.

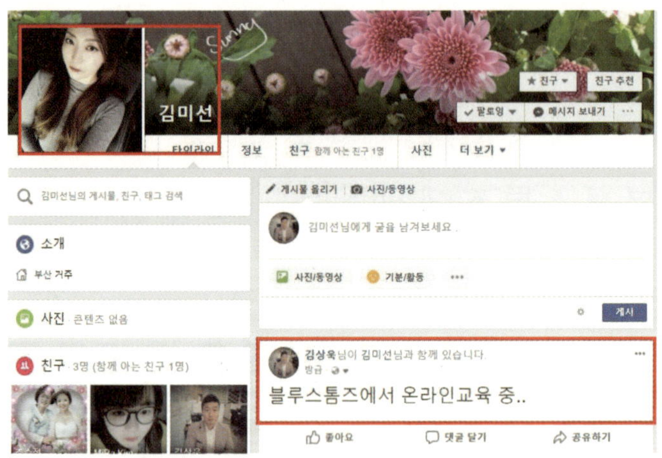

위 이미지는 친구의 타임라인에 게시된 글의 모습이다.

댓글 친구 태그하기

친구와 함께 공유하고 싶은 글이 있을 때에는 댓글에서 친구 태그하기를 하여 친구와 해당 글을 공유할 수 있다.

댓글 입력란에 @친구이름으로 검색을 하여 친구를 선택하고 댓글을 입력한다.

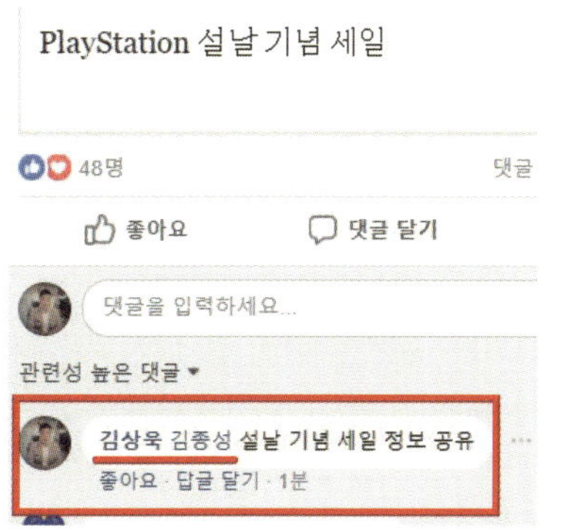

댓글을 입력하면 위 이미지와 같이 내 이름 옆에 태그가 된 친구의 이름이 함께 표시된다.

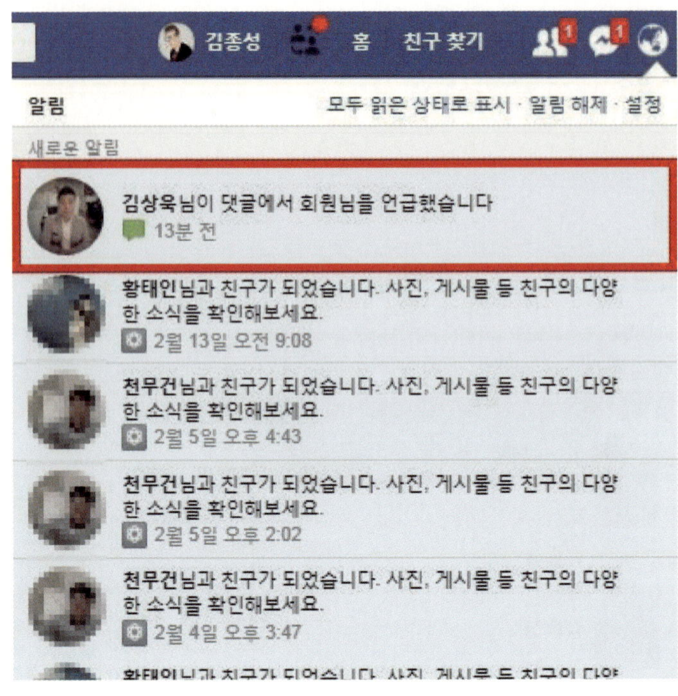

이때 친구는 알림을 통해 본인이 어떤 글에 댓글로 태그가 되었음을 알 수 있게 된다.

태그 기능은 강력한 마케팅 기능으로 활용될 수 있다. 친구태그 이벤트가 이런 것인데 친구를 태그하면 어떤 혜택을 주겠다는 이벤트 형식이다. 하지만 페이스북에서는 친구태그를 유도하는 이벤트를 금지하고 있으니 상업적 목적의 친구 태그 이벤트는 자제하는 것이 좋다.

> **페이스북 프로모션 약관**
>
> 3. 프로모션은 페이지나 Facebook의 앱 내에서만 진행할 수 있습니다. 개인 타임라인이나 친구 관계를 활용한 프로모션 진행은 금지됩니다. 예를 들어 "참가하려면 내 타임라인에 공유하기", "추가 응모권을 얻으려면 친구의 타임라인에 공유하기", "참가하려면 친구를 이 게시물에 태그하기" 등은 허용되지 않습니다.

타깃 고객 5,000명 친구 만들기

마케팅을 위해서는 친구의 수가 많으면 좋고 그 친구가 되도록이면 내 고객이 될 가망성이 있는 사람이면 좋다.

퍼스널브랜딩을 위해 페이스북 친구를 늘리기로 마음을 먹었다면 이왕이면 고객이 될 가망성이 있는 사람들과 친구를 맺는 것이 좋은데 그 방법에 대해서 알아보도록 하자.

옆 이미지는 부산시에서 운영하는 페이지의 글이다. 부산에 사는 맘들을 위한 주택 특별공급에 대한 내용을 담고 있다.

이 글에 반응을 보인 사람은 부산에 사는 엄마일 확률이 높다. 그리고 이런 글에 반응을 보이는 사람들은 다른 글에도 반응을 보일 확률이 높은 사람들이다.

우리가 만약 부산에 사는 엄마들을 대상으로 어떤 사업을 한다면 이 글에 반응을 보인 사람들과 친구 관계를 맺으면 좋을 것이다.

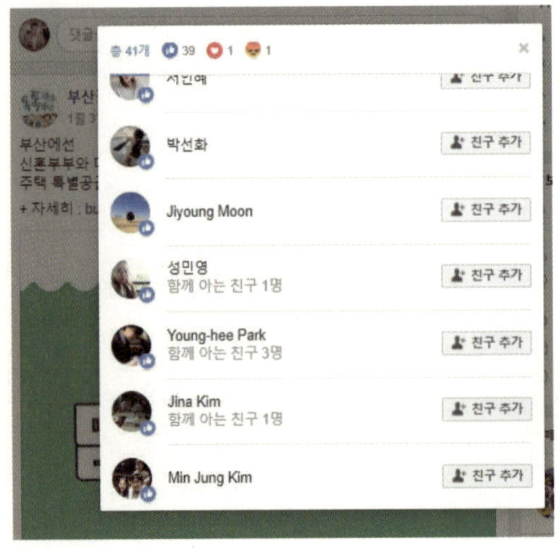

글 하단에 좋아요를 누른 사람의 수가 표시되는 데, 그곳에 커서를 올리면 반응을 보인 사람들의 이름이 보이고 클릭을 하면 옆 이미지와 같은 팝업창이 뜬다.

팝업창을 보면 이 사람들을 친구 추가할 수 있는 버튼이 이름 옆에 보인다. 이 버튼을 눌러 이 글에 반응한 사람들에게 친구 신청을 할 수 있다.

참고로 친구 추가를 하면 상대방이 수락을 해 주어야 친구가 된다. 그런데 친구 요청을 한 사람의 수가 1,000명이 넘으면 더 이상 친구 추가를 할 수가 없게 된다. 이럴 경우 요청한 신청을 취소해야 다시 친구 추가를 할 수가 있다. 친구 추가의 취소는 아래 순서대로 진행하면 된다.

개인계정 메인 화면 상단에 친구 아이콘을 클릭한다.

옆 이미지와 같은 화면이 나타나면 하
단에 "모두 보기"를 클릭한다.

위와 같은 화면이 나타나면 "전송한 요청 보기"를 클릭한다. 그러면 본인이 친
구 요청을 한 사람들의 목록이 보이게 된다.

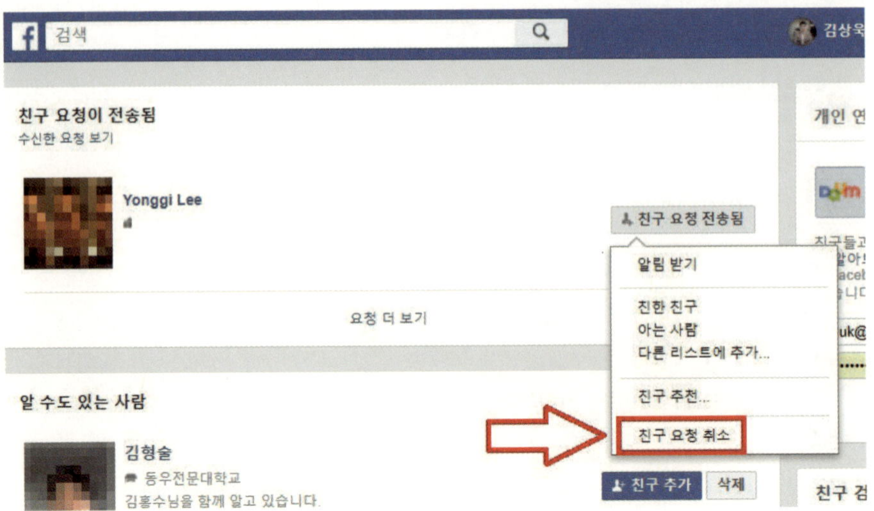

이름 옆에 "친구 요청 전송됨" 버튼에 커서를 올리면 보이는 화면에서 "친구 요청 취소"를 눌러 친구 요청 취소를 할 수 있다.

3)페이지를 이용한 마케팅
페이지 만들기와 기본 세팅하기

페이스북은 개인계정으로 상업적 활동을 하는 것을 금지한다. 페이스북 약관에서도 이 부분은 분명하게 명시되어 있다. 페이스북을 상업적으로 활용하려면 페이지를 운영해야 한다.

페이지는 상업적 목적으로 페이스북을 운영할 사람을 위해 만들어진 것으로 개인계정과의 차이점은 광고가 가능하고 여러 명의 사람들이 함께 페이지를 운영할 수 있으며, 팬의 수를 무제한 늘릴 수가 있다는 점이다.

페이지 만들기

페이지를 만들기 위해서는 페이지의 카테고리를 선택해야 한다. 아래는 카테고리에 따라 제공되는 기능을 요약한 그림이다. 아래 그림을 보고 본인의 비지니스에 적당한 페이지의 카테고리를 미리 선택하도록 하자.

	요약 설명	웹사이트	서비스	평가 및 리뷰	이메일	전화 지원	주소	지도	영업시간	체크인
도서 및 잡지, 브랜드 및 제품	✓	✓	✓	✓	✓	✓				
회사 및 단체	✓	✓	✓	✓	✓	✓	✓	✓	✓	✓
지역 서비스	✓	✓	✓	✓	✓	✓	✓	✓	✓	✓
영화, 음악, TV	✓	✓	✓	✓	✓	✓				
사람, 스포츠	✓	✓	✓	✓	✓	✓	✓	✓	✓	
웹사이트 및 블로그	✓	✓	✓	✓	✓	✓				

고객에게 매장 위치나 서비스 위치를 알려 주어야 하는 비지니스의 경우 지도, 영업시간, 체크인 기능은 매장의 홍보를 위해 유용하게 사용될 수 있다. 이 기능을 사용하기 위해서는 회사/단체, 지역서비스 카테고리를 선택해야 한다.

페이지 만들기

Facebook 페이지는 여러분의 브랜드, 비즈니스, 단체 명의로 Facebook 활동을 펼치고 사람들과 소통할 수 있는 기회입니다.

아래에서 원하는 유형을 선택하여 여러분의 Facebook 페이지를 시작해보세요. 페이지는 언제든 무료로 만들 수 있습니다.

페이지를 만들기 위해서는 메인 화면 좌측하단 만들기>페이지를 눌러 페이지를 만들 수 있는 화면으로 이동 할 수 있다.

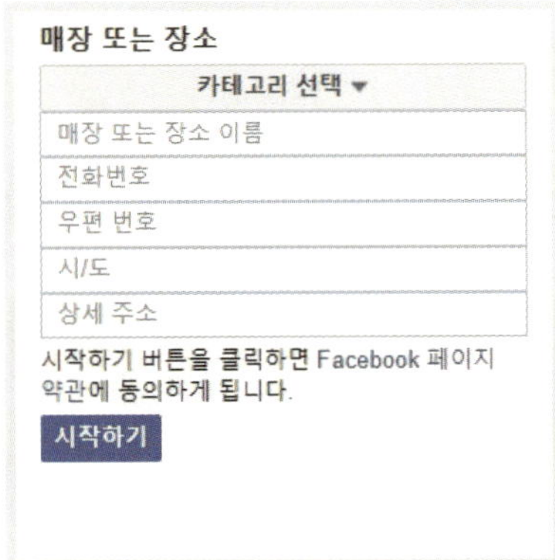

만들기를 누르면 위와 같은 화면을 볼 수 있는데 본인의 비지니스와 맞는 카테고리를 선택하고 페이지 이름, 전화번호, 우편번호, 주소 등의 기본사항을 입력하면 페이지는 바로 만들어지게 된다.

페이지가 만들어진 후에는 세팅을 해야 할 사항들이 많은데 페이스북 자체적으로 위와 같이 어떠어떠한 것을 세팅하라고 페이지 화면에서 안내를 해준다. 안내에 따라 세팅을 하다 보면 세팅이 완료되는데 세팅에 있어 중요한 사항 몇 가지만 알아보도록 하겠다.

페이지 프로필과 커버사진 추가하기

페이지 생성 후 가장 먼저 해야 할 일은 프로필과 커버 사진의 추가이다. 프로필 사진은 PC에서 170×170, 스마트폰에서는 128×128픽셀로 표시되며 대부분의 피처폰에서는 36×36으로 표시가 된다.

커버 사진은 PC에서 820×312픽셀, 스마트폰에서는 640×360으로 표시가 된다. 최소 너비가 399×150픽셀 이상이 되어야 한다.

커버 사진의 이미지에 문구를 넣어 페이지에 대한 설명을 할 수 있다. 커버 사진에 문구를 넣어 업로드할 때 주의할 점은 아래 그림과 같이 업로드한 이미지가 모바일에서는 잘려 보인다는 점이다. 이미지에 문구를 넣은 경우 문구가 잘려 보일 수 있으니 문구를 넣을 경우에는 이미지의 중간에 문구를 삽입하는 것이 좋다.

프로필 사진의 경우도 PC에서 볼 때와 모바일에서 볼 때의 모양이 다르다. 이미지의 일부가 모바일에서는 잘려서 보이게 된다. 프로필 사진도 PC와 모바일 화면을 비교해 가며 제작을 해야 한다.

마케팅스쿨-블루스톰즈

프로필 사진의 경우 페이지에 글을 쓸 때마다 글과 함께 노출이 된다. 프로필 사진을 회사 이름이나 페이지 이름으로 만들지 말고 특별한 의미를 가진 단어를 넣어 회사나 페이지를 표현하는데 이용할 수 있다.

행동유도버튼 만들기

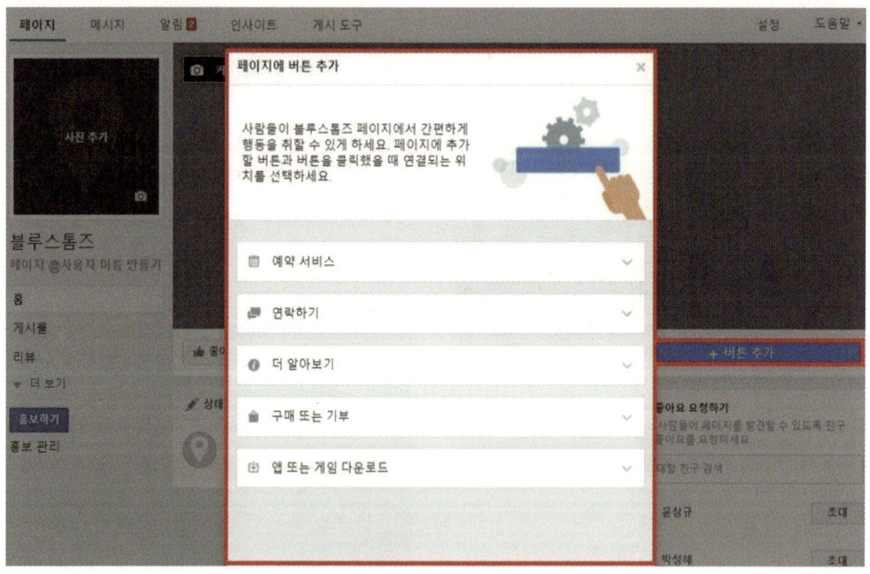

행동유도버튼이란 페이지 커버 사진 바로 밑에 위치하여 팬들이 페이지 운영자가 의도하는 행동을 하도록 유도하기 위한 버튼이다.

이 버튼은 홈페이지로 팬 유도, 전화 유도, 앱 다운로드 유도 등으로 다양하게 설정 할 수 있다. 페이지 관리자의 권한으로 페이지에 접근하여 행동유도버튼을 클릭하여 추가/수정이 가능하다.

인스타그램 연동하기

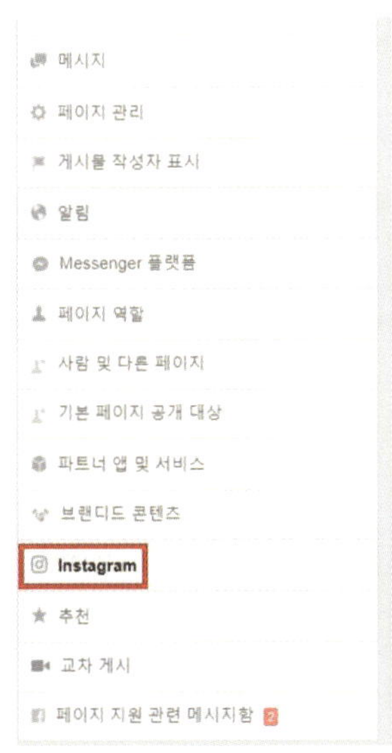

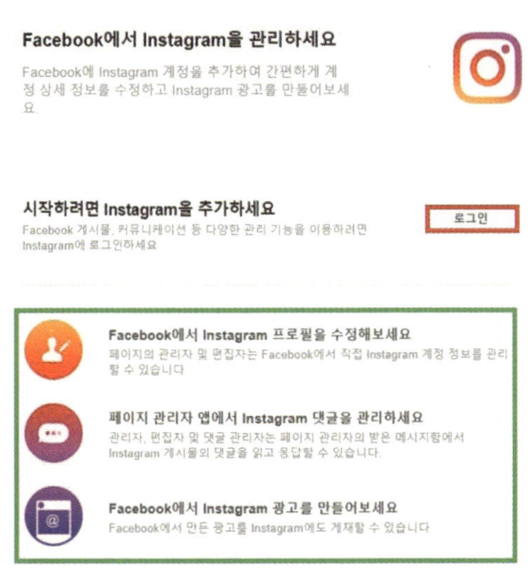

페이지의 거의 모든 설정은 페이지 우측 상단의 설정 버튼을 눌러 변경할 수가 있다.

인스타그램 연동 역시 설정을 누르고 아래와 같이 인스타그램이란 항목을 클릭하여 연동할 수 있다. 인스타그램과 페이스북을 연동해야 하는 중요한 이유는 인스타그램 광고가 페이스북과 인스타그램이 연동되어 있어야만 가능하기 때문이다.

페이지 정보 수정하기

페이지 정보 수정의 경우 페이지 좌측 하단의 정보 탭을 클릭하여 수정이 가능하다.

카테고리, 페이지이름, 사용자이름, 영업시간, 이메일, 홈페이지 등의 수정은 이곳에서 가능하니 참고하기 바란다.

사용자 이름 만들기

사용자 이름이라는 것은 위 이미지와 같이 페이지 고유의 URL을 설정하는 것이다. 비지니스와 관련된 영문을 넣어 사용자 이름을 만들도록 하자.

페이지 역할 및 역할별 권한

페이지를 관리하는 역할에는 6가지가 있다. 페이지를 만드는 사람은 자동으로 페이지 관리자가 되며, 단독 관리자로서 페이지의 모양을 변경하고 페이지 이름으로 게시물을 올릴 수 있다. 관리자만 역할을 할당하고 다른 사람의 역할을 변경할 수 있다.

	운영자	편집자	댓글 관리자	광고주	분석자	라이브 방송 진행자
페이지 역할 및 설정 관리	✓					
페이지 수정 및 앱 추가	✓	✓				
페이지 이름으로 게시물 작성 및 삭제	✓	✓				
모바일 기기에서 페이지 이름으로 라이브 방송 진행 가능	✓	✓				✓
페이지 이름으로 메시지 전송	✓	✓	✓			
페이지 댓글과 게시물에 대한 응답 및 삭제	✓	✓	✓			
페이지에서 사용자 삭제 또는 차단	✓	✓	✓			
광고 만들기, 홍보 또는 홍보 게시물	✓	✓	✓	✓		
인사이트 보기	✓	✓	✓	✓	✓	
페이지 이름으로 게시한 사람 확인	✓	✓	✓	✓	✓	

페이지의 역할은 페이지 우측 상단의 설정>페이지 역할에서 설정할 수 있다.

페이지 통합하는 법

페이지로 페이스북 마케팅을 진행하다 보면 유사한 이름이나 주제가 동일한 여러 페이지를 운영하게 될 때가 있다. 사업 초기 브랜딩이 확실하지 않은 상황에서 페이스북 마케터들이 흔히 겪는 일이다. 이럴 경우 페이지를 통합해서 사용할 수가 있다.

이때 유념해야 할 것은 두 개의 페이지를 통합하는 과정에서 유지할 페이지와 유지하지 않을 페이지를 선택해야 되는데 유지하지 않을 페이지의 사진, 게시물, 사용자 이름 등은 통합 과정에서 모두 삭제된다는 점이다. 좋아요(팬)와 체크인만 합산되어 유지할 페이지에 표시된다.

통합을 신청하는 신청자는 두 페이지 모두의 관리자 자격이 있어야 한다. 그리고 합쳐질 두 개의 페이지는 유사한 이름과 동일한 주제를 다루고 있어야 통합이 가능하다.

두 개 페이지의 이름이 유사하지 않을 경우 페이지 이름 변경을 통해 이름을 비슷하게 만든 후 통합을 진행하는 것이 좋다.

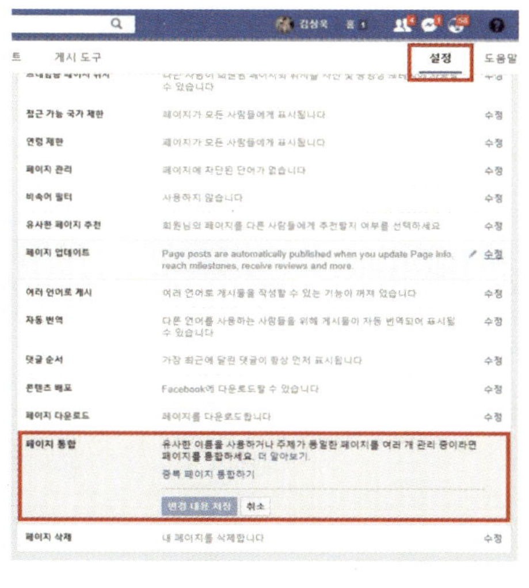

두 개 페이지의 관리자 권한을 가지고 페이지 설정>일반>페이지 통합>수정 순으로 클릭을 하면 옆 이미지와 같은 화면이 나타난다. 이 화면에서 "중복 페이지 통합하기"를 클릭한다.

이 화면이 나타나면 통합할 페이지 두 개를 선택한다.

이 이미지는 통합할 두 개의 페이지를 선택한 화면이다. 두 개 페이지의 이름이 다르면 통합이 되지 않는다. 주제는 동일하나 이름이 비슷하지 않다면 한 개 페이지의 이름을 변경하여 서로 비슷한 이름이 되도록 해야 한다. 두 개 페이지를 선택했다면 "계속" 버튼을 클릭한다.

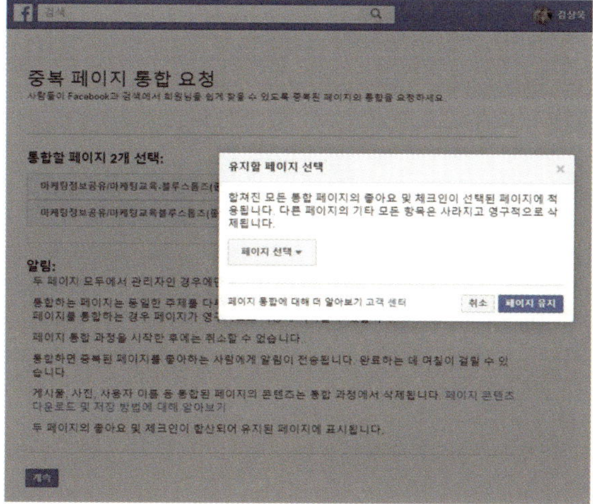

"계속" 버튼을 누르면 두 개의 페이지 중 유지할 페이지를 선택하라는 팝업 창이 나타난다. 아주 중요한 선택의 순간이다. 유지할 페이지 외에 다른 페이지의 게시물, 사진, 사용자 이름 등은 모두 삭제되니 신중히 선택을 해야 한다.

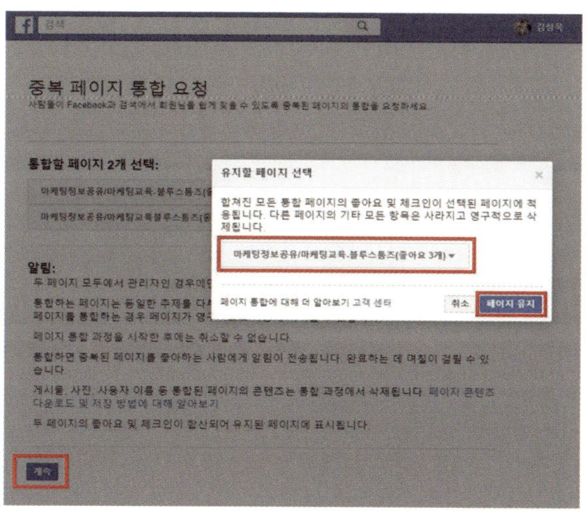

유지할 페이지를 선택했다면 "페이지 유지"를 클릭하고 "계속" 버튼을 클릭한다.

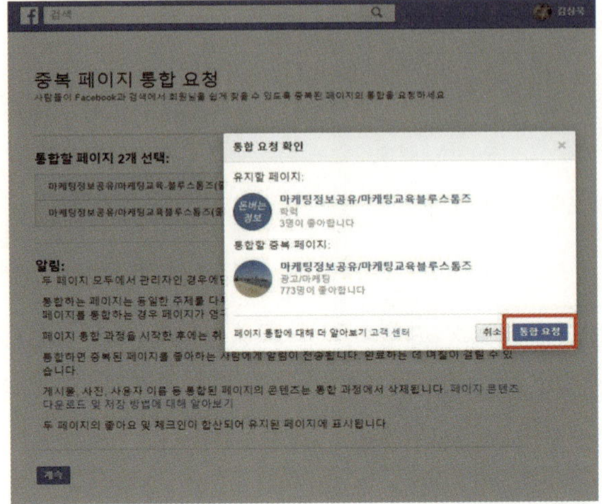

유지할 페이지와 통합할 중복 페이지를 다시 한번 확인하라는 팝업창이다. 만약 선택이 잘못 되었다면 취소 버튼을 클릭하고 선택에 이상이 없다면 "통합 요청"을 클릭한다.

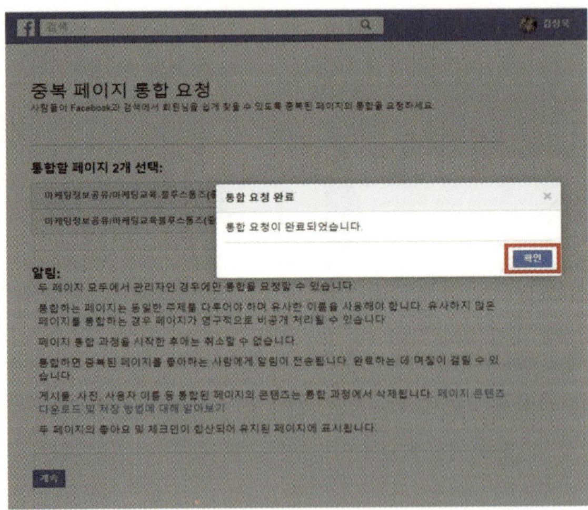

통합 요청이 완료되면 완료가 되었다는 팝업창이 나타나고 "확인"을 눌러 페이지 통합 요청을 완료할 수 있다. 최종 페이지가 통합되는 데에는 얼마간의 시간이 소요된다.

매출을 올리는 글쓰기 노하우

위 이미지는 페이지의 글쓰기 창이다. 글쓰기에 있어 유용한 기능 몇 가지만 설명을 하도록 하겠다.

본문에 페이지 링크 넣기

본문에 본인이 링크하고자 하는 페이지를
검색하여 링크를 넣을 수 있다. 링크를 넣
고자 하는 페이지의 이름이 "마케팅스쿨-
블루스톰즈"라면 글쓰기 창에서 @마케
팅이라고 쓰고 스페이스 바를 눌러 주면
위와 같이 내가 운영하는 페이지 및 검색
된 페이지들의 목록이 보인다.

이 목록 중 링크를 하고자 하는 페이지를 선택하고 포스팅을 마무리 하면 아
래와 같이 본문 중에 선택한 페이지의 링크가 생기게 된다. 읽는 사람이 이 링
크 위에 커서를 가져가면 해당 페이지 정보가 팝업의 형식으로 뜨고 좋아요나
팔로잉 등을 할 수 있다.

눈에 띄는 페이스북 콘텐츠 만들기

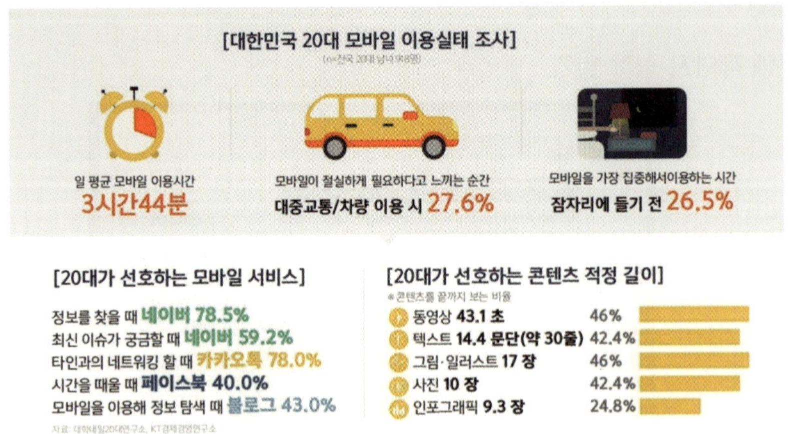

위 자료는 KT경제경영연구소에서 전국 20대 남녀 918명을 대상으로 조사한
모바일 이용실태 조사자료이다.

20대가 선호하는 적정 콘텐츠의 길이는 14문단(약 30줄)정도, 동영상 43초, 그림/일러스트 17장, 사진 10장, 인포그래픽 9장으로 조사가 되었다. 콘텐츠의 길이가 이보다 길면 잘 읽지 않는다는 말이다. 그래서 페이스북에 글을 작성할 때에는 임팩트 있게 글을 줄여서 작성하는 것이 좋다.

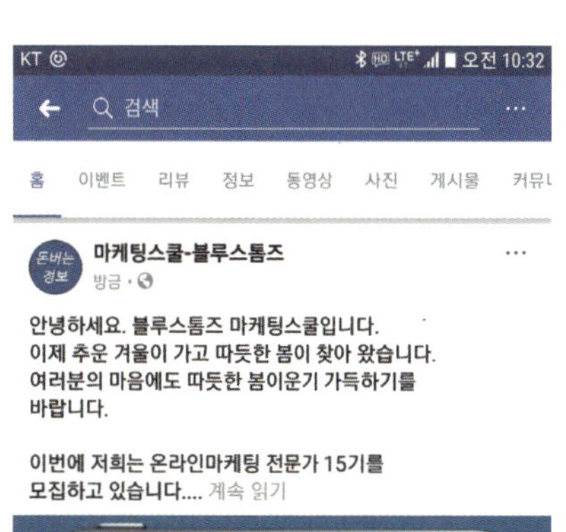

내용 전달이 어려운 글

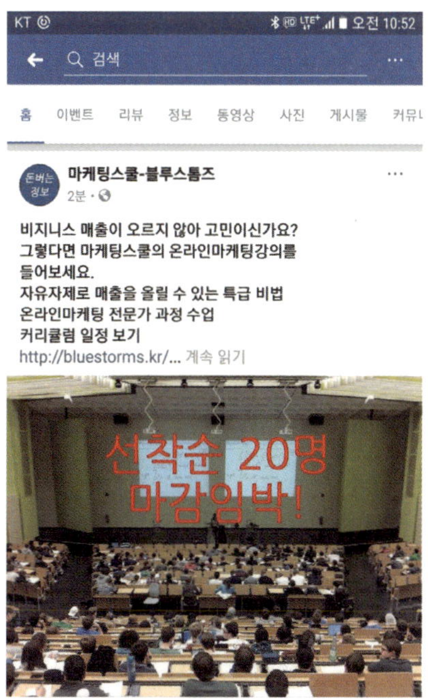

내용 전달이 쉽도록 수정한 글

블로그 글

블로그 글을 그대로 옮겨 페이스북에 포스팅한다고 가정해 보자. 모바일 화면에서는 블로그 글의 앞 부분 7줄 정도만 노출된다. 이럴 경우 포스팅을 보는 사람이 "계속 읽기"를 눌러 전체 글을 보지 않는 이상 뜻 전달이 어렵다. 그리고 사람들은 "계속 읽기"를 잘 클릭하지 않는다. 그래서 첫 7줄에 내용을 함축시켜 글을 적는 것이 좋다. 회원가입이나 결제를 유도하기 위한 글일 경우 링크 주소를 첫 7줄 내에 삽입하여 클릭을 유도하도록 해야 한다.

이때 이미지도 중요한 역할을 하므로 눈에 띄는 이미지를 제작하여 사용하는 것이 좋다.

콘텐츠를 올리는 시간

SNS에서 콘텐츠는 금방 사라져 버리는 콘텐츠이다. 페이스북에 올린 글은 시간이 흐르면 뉴스피드에서 금방 밀려나 버린다.

홈페이지나 카페와 같이 게시판에 저장이 되어 항상 남들에게 읽힐 가능성이 있는 정보와는 그 성격이 다르다.

그러므로 페이스북 마케팅을 할 때 눈에 띄는 콘텐츠의 생산도 중요하지만 콘텐츠를 올리는 시간도 상당히 중요하다. 직장인들을 대상으로 한 콘텐츠라면 그들이 시간을 내어 페이스북을 이용하기 좋은 점심시간이나 저녁시간에 맞추어 글을 올리는 것이 좋고, 주부들을 대상으로 한 콘텐츠라면 주부들이 남편과 자녀를 학교에 보내고 여유로운 시간을 가지는 10~12정도의 시간대에 글을 올리는 것이 좋을 것이다. 특정한 시간대에 글을 올리기 힘들 경우 게시물 예약기능을 사용하면 도움이 된다.

공유 / 확산을 위한 글쓰기

팬들이나 친구가 나의 게시물에 좋아요를 누르거나 공유를 하면 내 게시물은 친구들의 친구에게 확산되어 퍼져 나간다. 하지만 자연스러운 공유나 좋아요를 바라고만 있지 말고 포스팅 시 아래와 같은 문구를 써서 적극적으로 친구나 팬들에게 좋아요와 공유를 요청하도록 하자. 사람들은 부탁을 하면 의무감이 생겨 부탁을 들어주려는 마음이 생기기 때문이다.

공감한다면 공유 부탁합니다.
악플보다 무서운건무플
페이지 좋아요 해 주세요.
친구 신청 언제든지 환영합니다.

이미지 내 텍스트 비율 20%

뉴스피드에 너무 많은 광고가 보이면 사용자들은 페이스북의 사용에 피로를 느끼게 된다. 페이스북 사용자들은 광고를 보기 위해 페이스북을 사용하는 것이 아니기 때문이다. 그래서 페이스북은 뉴스피드 소식 8개 당 1개로 광고노출의 비율을 제한하고 있다.(노출 비율은 페이스북 정책에 따라 언제든지 바뀔 수 있음) 그리고 광고가 너무 상업적이라는 인식을 주지 않도록 광고에 사용되는 이미지 내 텍스트 비율을 20% 이하로 제한하고 있다.

광고를 만들 때, 사용할 이미지 내의 텍스트 비율이 20%가 넘게 되면 광고에 페널티를 주어 인위적으로 광고가 도달되지 않게 하거나 광고 도달이 늦어지도록 만든다. 그러므로 페이스북 광고에 사용되는 이미지를 만들 때에는 이미지 내 텍스트의 비율이 20%를 넘지 않도록 해야 한다.

페이스북은 이를 위해 이미지 내 텍스트 비율을 확인할 수 있는 도구를 제공한다. "페이스북 이미지 텍스트 확인도구"라고 검색하거나 https://www.facebook.com/ads/tools/text_overlay 주소로 가보면 위와 같은 화면을 볼 수 있다. 이 화면에서 이미지를 업로드 하여 이미지 내 텍스트 비율과 그에 따른 페널티 여부를 확인해 볼 수 있다.

페이지 게시물 링크 하기

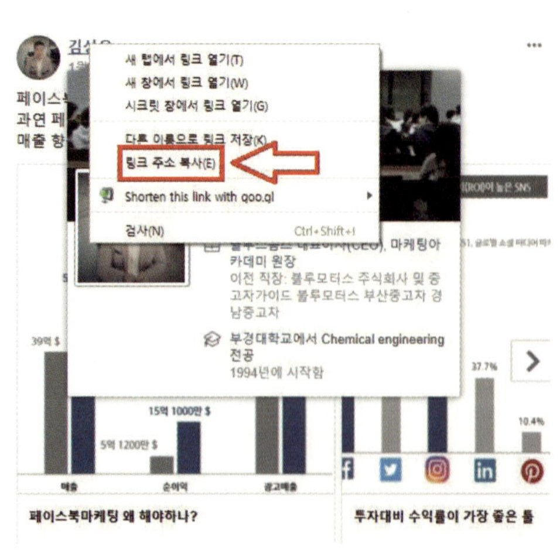

블로그나 사이트에 글을 올릴 때 페이스북의 글을 링크해야 할 때가 있다. 좌측 이미지는 글의 링크를 복사하는 방법이다. 페이스북 게시글 상단 사용자 이름 위에 커서를 올리고 오른쪽 마우스 클릭을 한다. 그러면 옆 이미지와 같은 화면이 나타나는데 이 화면에서 페이스북 게시글의 링크 주소를 복사할 수 있다.

페이지 좋아요 늘리기 노하우

내 페이지 게시글에 관심을 보인 사람 초대하기

내 페이지의 게시글에 관심을 보인 사람은 내 비지니스의 고객이 될 확률이 높은 사람이다.

게시물에 관심을 보인 사람을 페이지에 초대하기 위해 게시물 하단에 좋아요를 한 사람들을 클릭한다.

클릭을 하게 되면 옆 이미지와 같은 화면이 보이고 "초대" 버튼을 클릭하여 내 게시글에 관심을 보인 사람을 페이지로 초대할 수 있다.

내 친구에게 페이지 좋아요 요청하기

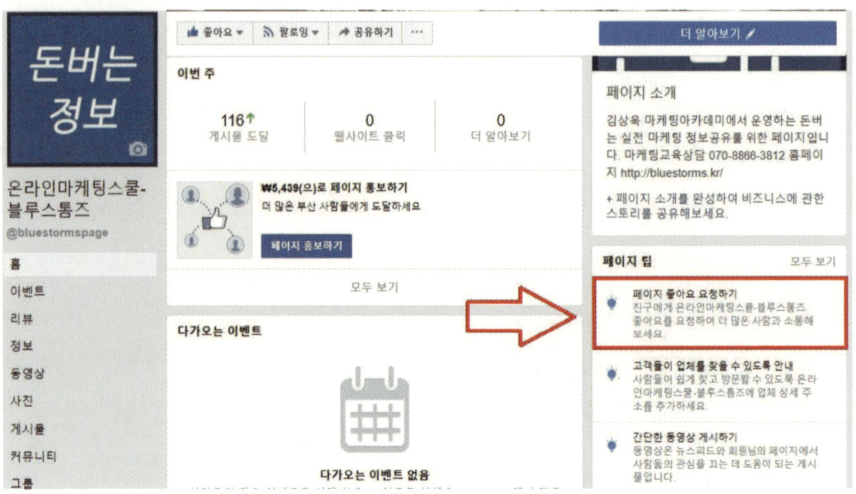

페이지 운영 초기에는 팬의 수가 적어 자연적인 팬의 증가 효과를 보기 힘들다. 이럴 때는 내 개인계정 친구를 페이지로 초대하여 팬의 수를 늘릴 수 있다. 페이지 메인 화면에서 "페이지 좋아요 요청하기" 버튼을 클릭해 보도록 하자.

위와 같은 화면이 나타나게 되는데 여기에서 초대를 하고자 하는 친구를 선택하고 "요청하기"버튼을 눌러서 친구에게 페이지 좋아요를 요청할 수 있다.

운영중인 다른 페이지를 이용해서 좋아요 늘리기

내가 운영 중인 다른 페이지가 있다면 이를 이용하여 페이지의 좋아요 수를 늘릴 수가 있다.

쉽게 말하면 즐겨찾기의 개념인데 내가 홍보하고자 하는 페이지들끼리 메인 화면에 즐겨찾기 링크를 만들어 서로의 페이지를 홍보하는 형식이다.

필자의 경우 "온라인마케팅스쿨"이라는 페이지와 "광고저장소"라는 페이지를 함께 운영하고 있다.

광고저장소 페이지를 이용하여 온라인마케팅스쿨페이지를 홍보해 보도록 하겠다.

아래 순서대로 "이 페이지가 좋아하는 페이지"를 설정해 보도록 하자.

먼저 홍보하고자 하는 페이지의 메인 페이지에서 "…"를 누른 후 "페이지 이름으로 좋아요 설정"이란 항목을 선택한다.

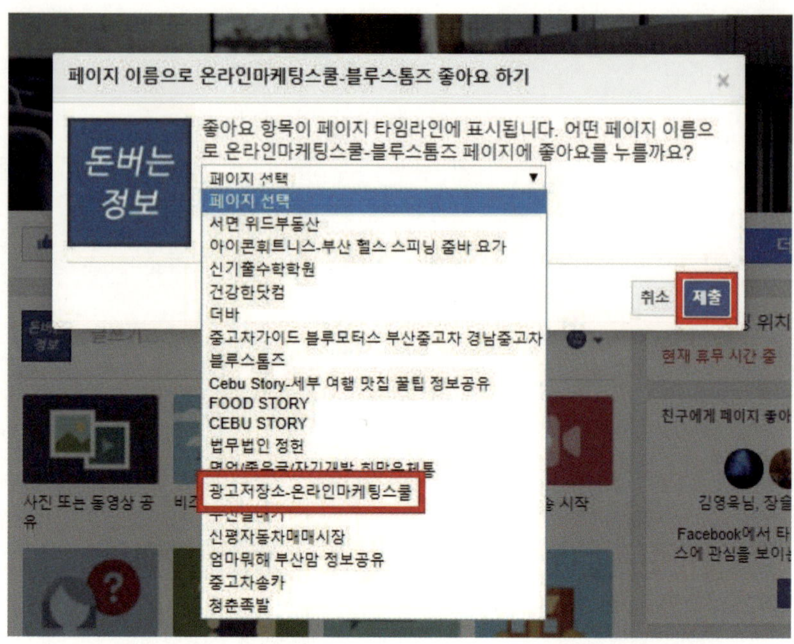

위와 같은 화면이 나타나면 "페이지 선택" 항목에서 홍보를 도와 줄 페이지를 선택하고 제출 버튼을 누른다.

제출 버튼을 누르면 위와 같은 팝업 메시지가 화면에 나타난다.

온라인마케팅스쿨 페이지가 광고저장소 페이지에 즐겨 찾는 페이지에 추가되었다는 내용이다.

작업을 마친 후 광고저장소 페이지에 방문해 보면 우측 하단, "이 페이지가 좋아하는 페이지"라는 항목에 온라인마케팅스쿨 페이지가 즐겨찾기 되어 있는 것을 볼 수 있다.

즐겨찾기 취소의 경우 위 순서의 역순으로 작업을 진행 하면 된다. 설정을 한 페이지에 이동하여 "…"를 누르고 "페이지 이름으로 좋아요 취소"를 누르고 페이지 선택 후 제출을 누르면 된다.

멀티이미지포스팅 노하우

멀티이미지포스팅 기능을 사용하면 여러 가지 이미지를 슬라이드 형식으로 보여줄 수 있고 이미지마다 설명과 링크를 다르게 할 수 있어 여러 가지 상품을 한꺼번에 설명할 때 유용하다.

이 멀티이미지포스팅 기능이 유용함에도 불구하고 개인계정에서는 사용할 수 없도록 되어 있다. 개인계정에서 멀티이미지포스팅 기능을 사용하고자 하는 경우에는 페이지에 멀티이미지포스팅을 하고 이를 개인계정으로 공유하여 간접적으로 이 기능을 사용할 수 있다.

먼저 텍스트 입력란에 이미 포스팅되어 있는 블로그나 홈페이지 글의 URL을 복사하여 붙여 넣는다. 그러면 위와 같이 페이스북이 해당 글의 기본 정보를 불러온다.

정보를 불러온 후 URL을 지우고 원하는 텍스트를 입력할 수 있다. 그리고 아래 이미지 부분에 "+"를 클릭하여 이미지를 추가할 수 있고 업로드된 이미지를 한 번 더 클릭하여 숨길 수도 있다.

업로드 된 이미지 위에 커서를 가져가면 링크를 수정할 수 있고 이미지 하단 텍스트 부분을 클릭하여 이미지에 대한 설명을 수정할 수 있다.

위 이미지는 텍스트 입력란에 원하는 키워드를 넣고 이미지 마다 설명 문구를 변경한 모습이다.

모든 수정이 끝나면 게시 버튼을 클릭하여 글을 완성할 수 있다.

10배의 효과를 내는 멀티포스팅

	네이버	다음
블로그	1	2
카페	×	3
이미지	4	5
동영상	6	7

	페이스북
페이지	8
개인	9
그룹	10

온라인 마케팅의 핵심은 우리의 상품이나 서비스를 최소한의 노력과 비용으로 최대한 많은 사람에게 노출시키는 것이다.

콘텐츠는 많은 시간과 노력을 들여 만들어진다. 멀티포스팅이란 이렇게 공들여 만든 콘텐츠를 한 영역에만 노출시키지 않고 약간의 노력을 더해 최대한 많은 영역에 노출시키는 작업이다.

우리는 블로그와 카페 그리고 페이스북에 게시물을 올리는 방법에 대해서 배웠다. 그렇다면 위 그림처럼 순서대로 콘텐츠를 올려 보길 바란다.

가장 먼저 네이버 블로그에 포스팅을 한다. 그러면 네이버 블로그 검색 결과 영역에 해당 포스팅이 노출될 것이다.

그다음 포스팅한 글을 다음카페와 블로그에 그대로 옮겨 포스팅한다. 그러면 다음 카페와 블로그 영역에 글이 노출된다.

그리고 이미지와 동영상을 각각의 영역에 노출시키기 위해 이미 배운 대로 파일명을 키워드로 변경하여 업로드한다. 그러면 업로드 한 이미지와 동영상이 각각의 영역에 노출된다.

다음은 블로그 글을 페이스북 페이지에 올리고 개인계정과 그룹에 공유한다. 그리고 마지막으로 홈페이지에 글을 작성한다. 페이스북에 올린 글은 랜딩 시키고자 하는 페이지의 링크를 넣어 작성하고 페이스북 게시물 광고를 통해 이를 더 많은 사람들에게 알릴 수 있다.

이것이 대강의 멀티포스팅 공정이다. 처음 멀티포스팅을 할 때는 다음카페 및 페이지, 그룹의 세팅 때문에 시간이 많이 소요되겠지만 세팅이 끝난 후에는 불과 몇 분 밖에 시간이 소요되지 않는다.

블로그, 카페 운영 초기이거나 키워드의 경쟁도가 심할 때는 해당 영역에 글이 상위 노출되기 힘들다. 이럴 때는 즉각적인 매출 발생을 위해서 약간의 유료 광고를 해 주는 것이 좋다. 페이스북 게시물 광고를 활용하면 1,000~2,000원 정도의 적은 비용으로 타게팅 된 고객 몇 백에서 몇 천명에게 콘텐츠를 노출시킬 수 있다.

참고로 네이버 카페에 블로그 글을 올릴 경우에는 두 개의 글이 중복이 되어 처음 올린 글만 노출이 된다. 카페 마케팅을 위해 네이버 카페를 운영 중이라면 "콘텐츠를 채운다."라는 의미의 네이버 카페 포스팅은 필요하다. 현재 다음 카페와 블로그는 글이 중복 되어도 각각의 영역에 노출이 되고 있다.

위에 설명한 내용은 검색 엔진의 로직 변경에 따라 달리질 수 있는 내용이다. 멀티포스팅의 핵심은 질 좋은 콘텐츠를 최대한 많은 영역에 노출시키자는 의미이며 본인이 추가로 노출시키고자 하는 마케팅 영역이 있다면 추가로 작업을 하면 된다.

그룹 만들기와 기본 세팅하기

그룹은 멀티포스팅을 하기 위한 도구 정도로만 생각하고 간단하게 만드는 방법과 중요한 사항만 알아보고 넘어가도록 하겠다.

그룹 만들기

페이스북 메인 페이지에서 좌측 내비게이션 부분의 그룹 만들기를 누른다. 그리고 그룹 이름을 입력하고 친구 한 명을 초대하면 간단하게 그룹을 만들 수 있다. 그룹의 종류는 공개 여부에 따라 공개/비공개/비밀 그룹으로 나뉜다. 각각의 특징은 아래 표를 참고해 보길 바란다.

	공개	비공개	비밀
가입할 수 있는 사람	누구나 가입할 수 있으며 모든 멤버가 그룹에 다른 사람을 추가하거나 초대할 수 있음	누구나 가입을 요청할 수 있으며 모든 멤버가 다른 사람을 그룹에 추가하거나 초대할 수 있음	멤버가 그룹에 추가하거나 초대한 사람만 가입할 수 있음
그룹 이름을 볼 수 있는 사람	누구나	누구나	현재 및 과거 멤버
그룹 멤버를 볼 수 있는 사람	누구나	누구나	현재 멤버만
그룹 설명을 볼 수 있는 사람	누구나	누구나	현재 및 과거 멤버
그룹 태그을 볼 수 있는 사람	누구나	누구나	현재 및 과거 멤버
그룹 위치을 볼 수 있는 사람	누구나	누구나	현재 및 과거 멤버
그룹의 멤버 게시물을 볼 수 있는 사람	누구나	현재 멤버만	현재 멤버만
검색에서 그룹을 찾을 수 있는 사람	누구나	누구나	현재 및 과거 멤버
페이스북에서 그룹 소식을 볼 수 있는 사람(예: 뉴스피드 및 검색 창에서)	누구나	현재 멤버만	현재 멤버만

그룹 관리자와 댓글 관리자의 차이

그룹을 관리하는 사람은 그 역할에 따라 관리자와 댓글 관리자로 나누어진다.
이 두 역할에 대해서는 아래 표를 참고하도록 하자.

	운영자	댓글 관리자
다른 멤버를 관리자 또는 댓글 관리자로 지정	✓	
관리자 또는 댓글 관리자 삭제	✓	
그룹 설정 관리 (예 : 그룹이름, 커버 사진 또는 공개 범위 설정 변경)	✓	
멤버십 요청 승인 또는 거부	✓	✓
그룹의 게시물 승인 또는 거부	✓	✓
게시물 및 게시물의 댓글 삭제	✓	✓
그룹에서 멤버 삭제 또는 차단	✓	✓
게시물 고정 또는 고정 취소	✓	✓

매출 상승 단계

키워드 검색 광고의 이해

키워드 검색 광고란 다음, 네이버와 같은 포털사이트에 키워드 검색 시 나오는 검색 결과에 홈페이지를 노출시키는 광고이다. 광고 클릭 당 과금이 되는 형식이다.

앞에서도 언급했듯이 검색 광고의 경우 경쟁자가 많은 탓에 광고비가 많이 들기는 하나, 키워드라는 매개체를 통해서 고객과 비지니스가 직접적으로 연결이 되기에 즉각적인 반응을 불러일으킨다는 장점이 있다.

창업 단계에서 가장 효과적으로 진행이 가능한 광고이므로 우리는 이 검색 광고가 어떻게 진행되는지 알 필요가 있다. 키워드 검색 광고에 대해 간단하게 알아본 후 본격적으로 페이스북 광고에 대해 알아보겠다.

검색 광고의 경우 대행사를 통해 집행할 수도 있고 사업자가 직접 집행할 수도 있다.
대행사를 통할 경우 키워드의 선정 및 광고의 집행까지 모든 것을 대행사가 대신 집행해 준다. 광고주는 그저 광고에 필요한 금액을 충전해 주고 광고 성과에 대해 보고만 받으면 되는 편리한 방식이다.

하지만 대행사를 이용할 경우 단점이 있다. 직접 집행 시 돌려받는 10%의 환급금을 돌려받지 못한다는 것이다. 그리고 담당자가 실력이 없을 경우 광고의 성과가 만족스럽지 못할 경우가 있다.

키워드 검색 광고는 광고를 집행하는 키워드 하나하나에 대한 성과를 세심하게 관찰하며 진행해야 한다. 성과가 좋지 않은 키워드는 제외하고 성과가 좋을 것으로 예상되는 키워드를 계속적으로 발굴해 나가야 한다. 그리고 광고가 나가는 지역, 시간 등을 비지니스 상황에 맞게 세심하게 컨트롤해야 한다.

대행사들은 고객들의 검색 광고를 대신 집행해 주는 대가로 네이버로부터 광고비의 10~15% 정도를 수수료 명목으로 지급 받는다. 광고 금액이 크지 않으면 담당자는 해당 업체에게 많은 시간을 할애할 수가 없어 광고 효과가 좋지 않을 수 있다.

만약 직접 집행을 원한다면 초보자라도 검색 광고를 쉽게 배울 수 있는 방법이 있다. 네이버는 홈페이지에서 검색 광고에 대한 상세한 정보를 제공하고 있고 광고주를 위해 실시간 상담을 해주고 있다. 실제 전화 통화를 해 보면 아주 친절하고 상세하게 광고 세팅을 도와준다.

하지만 마케팅 초보자의 경우 초기에는 광고 집행을 대행사에 맡기고 추후 검색 광고에 대해 공부를 하여 직접 집행으로 바꾸는 방법을 선택하는 것이 좋다.

직접 집행이든 간접 집행이든 대강의 내용은 이해할 필요가 있으니 "네이버 검색 광고"를 검색하고 사이트를 방문하여 좀 더 자세한 내용을 숙지하기 바란다.

페이스북 광고 공부하는 법

페이스북 광고의 경우 아래와 같이 종류가 다양하다. 광고 목적에 따라 여러 유형의 광고를 선택할 수 있다.

광고 형태 캠페인 목적	링크 광고	슬라이드 광고	동영상 광고	이미지 광고	모바일 앱 설치 광고	모바일 앱 참여 광고	페이지 좋아요 광고	데스크탑 앱 설치 광고	데스크탑 앱 참여 광고	이벤트 광고	쿠폰 광고	잠재 고객 광고
웹사이트 클릭	✓	✓										
웹사이트 전환	✓	✓										
제품 카탈로그 판매	✓	✓										
페이지 게시물 참여			✓	✓								
페이지 좋아요							✓					
모바일 앱 설치					✓							
모바일 앱 참여						✓						
데스크톱 앱 설치								✓				
데스크톱 앱 참여									✓			
쿠폰 발급											✓	
이벤트 참여										✓		
동영상 조회			✓									
주변 지역에 홍보	✓											
잠재 고객 확보												✓
브랜드 인지도			✓	✓								

페이스북 광고에 대한 모든 설명을 책에서 하는 데는 한계가 있다. 페이스북 광고에 대한 자세한 내용은 페이스북 도움말과 광고주 지원 센터(www.facebook.com/business/help)를 이용하면 편리하다. 아주 방대한 내용의 설명을 볼 수가 있기 때문이다.

책에서는 페이스북 광고의 핵심 내용만을 설명할 것이고 페이스북 광고 중 가장 세팅이 쉬운 게시물 홍보와 고객 DB확보에 효과적인 잠재 고객 확보 광고, 제품이나 서비스에 대한 스토리를 전달하기에 적합한 캔버스 광고에 대해서만 알아볼 것이다. 광고 세팅은 광고 마다 비슷하므로 세 가지 광고의 세팅 방법을 익히면 다른 광고의 세팅도 쉽게 진행할 수 있다.

페이스북 광고 초보자의 경우 게시물 홍보만을 주로 하는 경향이 있다. 페이스북 광고의 효과를 보려면 꼭 페이스북 픽셀, 맞춤/유사타겟, 광고분석 등에 대한 지식이 있어야 한다. 지면 상 설명이 부족하더라도 이 세 가지에 대해서는 숙달이 되도록 공부해야 한다.

광고주지원센터 https://www.facebook.com/business/help

페이스북 광고 노출 모습

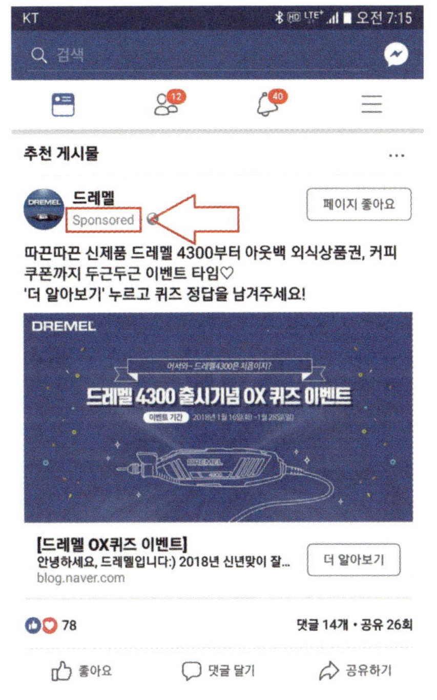

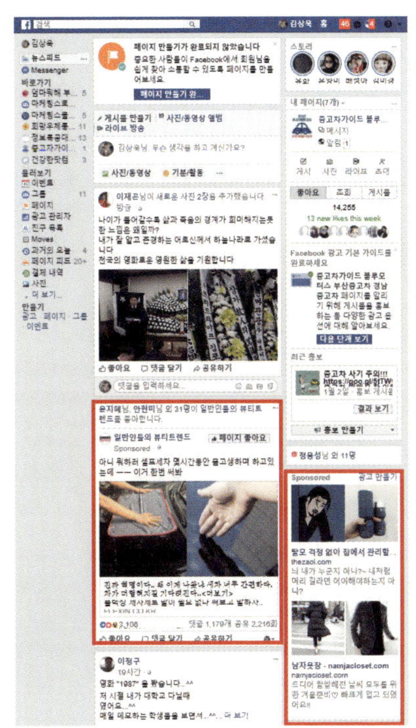

모바일 화면에서는 현재 총 8개의 뉴스피드 소식 중 하나가 광고이다. 광고에는 위와 같이 "Sponsored"라는 표시가 되어 있다.

PC화면에서는 뉴스피드와 우측 하단에 광고가 노출되고 있다.

페이스북 광고의 기본 구조

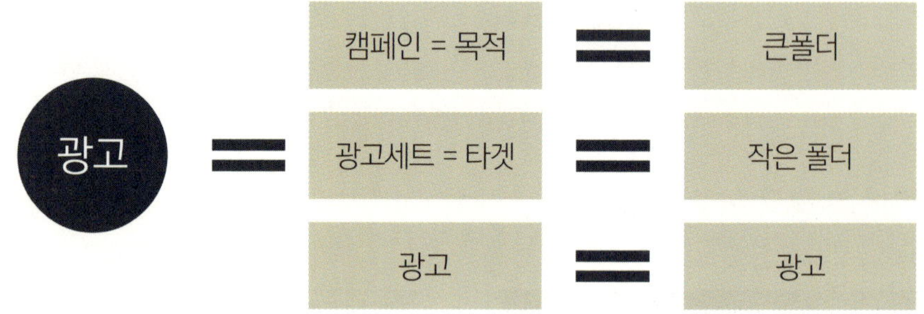

페이스북 광고는 캠페인, 광고 세트, 광고의 세 가지 요소로 이루어진다.

캠페인을 큰 폴더, 광고 세트를 작은 폴더, 광고를 작은 폴더 안에 들어 있는 각각의 광고라고 생각하면 이해하기가 쉽다.

캠페인이란?

인지도	관심 유도	전환
브랜드 인지도	트래픽	전환
도달	참여	카탈로그 판매
	앱 설치	매장 방문
	동영상 조회	
	잠재 고객 확보	
	메시지	

마케팅 목표가 무엇인가요? 도움말: 목표 선택

광고 만들기를 시작하면 가장 먼저 선택해야 하는 항목이다. 광고를 하고자 하는 목적에 따라 캠페인을 선택한다. 캠페인의 선택에 따라 광고의 기능이 최적화된다. 위 이미지와 같이 광고의 목적에 따라 여러 형태의 캠페인을 선택할 수 있다. 캠페인은 최상위 폴더로 광고를 만든 후 캠페인을 켜고 끔으로써 캠페인 내 모든 광고 세트 및 광고를 제어할 수 있다.

광고 세트

캠페인
└ 목표

이 이미지는 캠페인을 선택하고 나면 볼 수 있는 이미지이다. 순서대로 하나하나 세팅을 마치면 광고가 만들어진다.

광고 세트
├ 페이지
├ 타겟
├ 노출 위치
└ 예산 및 일정

캠페인에서 광고 목적을 선택했다면 광고 세트에서는 광고가 게재되는 방식을 선택한다. 타게팅 옵션을 사용하여 광고가 도달될 타겟의 위치, 성별, 연령, 관심사 등을 선택할 수 있다. 그리고 광고의 일정 및 노출 위치도 광고 세트에서 선택할 수 있다. 광고 생성 후 광고 세트를 켜거나 끔으로써 광고 세트 내 모든 광고를 제어할 수 있다.

광고
├ 대표 계정
├ 형식
├ 미디어
└ 문구

광고

광고란 실제 고객에게 보이는 최종 광고의 결과물이며 크리에이티브 라고도 부른다. 광고에 넣을 이미지, 동영상, 문구, 행동유도버튼을 선택하여 광고를 생성한다.

페이스북 픽셀의 이해와 설치

페이스북 픽셀이란 방문자 행동정보 수집을 위한 장치로 홈페이지에 설치하여 사용하는 일종의 추적 도구이다. 페이스북 픽셀을 홈페이지에 설치하면 어떠한 고객이 우리 홈페이지에 들어와 어떤 행동을 하고 나갔는지 알 수 있게 된다. 그리고 페이스북은 이런 고객들의 명단을 모아서 저장하고 이 사람들을 대상으로 광고를 할 수 있게 해 준다.

우리는 페이스북 픽셀을 활용하여 홈페이지에 들어와 장바구니에 물건을 담은 사람에게는 "물건이 소진될 지도 모르니 빨리 구매 하라"는 메시지를 보낼 수 있고 결제 정보를 입력하고 돈을 입금하지 않은 고객에게는 "계좌번호 안내" 메시지를 보낼 수도 있다.

페이스북 픽셀 만들기

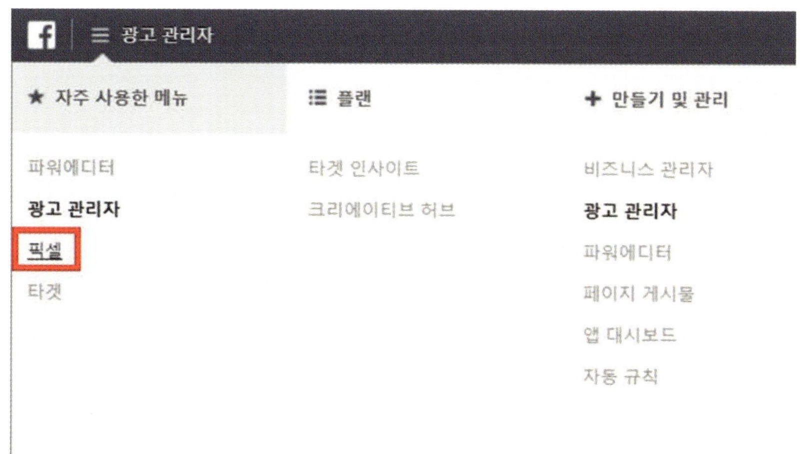

광고와 관련된 모든 사항은 광고 관리자에서 세팅이 가능하다. 광고 만들기, 픽셀 관리, 타겟 만들기가 광고 관리자에서 관리할 수 있는 대표적인 메뉴이다. 페이스북 메인 메뉴>광고 관리자를 클릭하여 픽셀 세팅이 가능하다. 위 화면과 같이 광고 관리자에 들어오게 되면 좌측에 픽셀이란 탭이 보이는데 이를 클릭하면 픽셀을 만들고 설치하는 방법을 안내 받을 수 있다.

Facebook 픽셀 만들기

Facebook 픽셀을 웹사이트에 추가하여 광고 성과를 측정하고 Facebook 광고의 강력한 솔루션을 경험해보세요.

웹사이트 활동 추적

사람들이 광고를 본 후 취하는 행동을 파악할 수 있습니다. 전환을 추적하고 광고 지출 대비 수익률을 측정해보세요.

광고 지출 대비 수익률 개선

Facebook은 웹사이트의 전환 데이터를 기준으로 행동을 취할 가능성이 높은 사람에게 자동으로 광고를 게재합니다.

기존 및 새로운 고객에게 도달하기

웹사이트에서 발생하는 고객의 행동을 기준으로 광고를 표시합니다. 유사 타겟을 만들어 우수 고객과 비슷한 사람들에게 도달해보세요.

안내에 따라 픽셀을 만들고 정상적으로 홈페이지에 설치까지 마치면 위 화면과 같이 픽셀이 정상적으로 설치되었다는 것을 확인할 수 있다.

페이스북 픽셀헬퍼를 통해서도 픽셀이 정상적으로 작동되고 있는지 확인이 가능하다. 픽셀헬퍼를 설치하고 홈페이지를 방문하면 </>밑에 숫자가 나타난다. 옆 이미지와 같이 2라는 숫자가 보인다는 말은 픽셀 2개가 정상작동되고 있다는 것을 의미한다.

픽셀헬퍼 설치 후 경쟁사 홈페이지를 방문하여, 경쟁사가 페이스북 픽셀을 사용하고 있는지 확인해 볼 수도 있다.

광고비를 줄이는 리타게팅 광고

우리나라 온라인 쇼핑몰의 평균 전환율은 약 2.5% 정도이다. 그리고 페이스북 평균 클릭률은 1~2% 정도이다.

클릭률을 1%라고 가정했을 때 사업자가 페이스북 광고로 10개의 상품을 팔기 위해서는 400건의 홈페이지 유입이 필요하고 40,000번의 노출이 이루어져야 한다.

광고에 노출된 사람 중 36,000명은 홈페이지를 방문하지 않고 광고를 그냥 지나쳐 버리고, 홈페이지를 방문한 사람 400명 중 390명은 홈페이지에서 이탈하거나 장바구니에 물건을 담아 놓고 잊어버린다.

페이스북 1회 노출 당 비용은 약 7원으로 10개의 상품을 팔기 위해서는 대략 28만원(40,000*7=28만원)정도의 금액이 소진된다. 만약 우리가 판매하는 제품의 이윤이 10개를 팔아서 광고비용 28만원을 초과하지 못하면 손실이 나게 된다는 말이다.

그런데 불특정 다수에게 광고를 하지 않고 홈페이지를 방문했던 400명을 대상으로 다시 광고를 하면 어떠한 결과가 생길까?

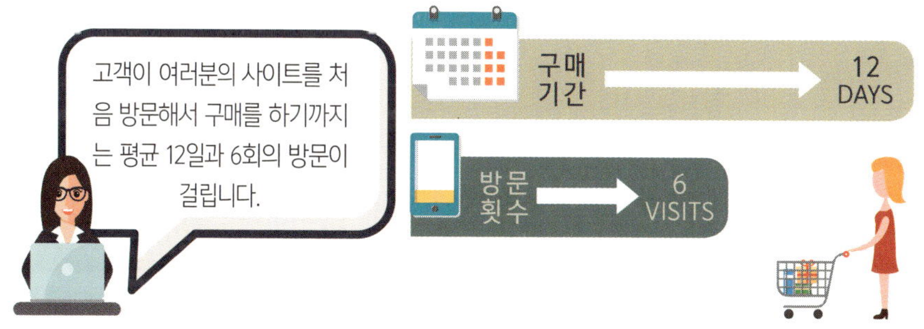

위 자료는 2016년 1월부터 4월까지 국내 주요 10개 패션/유통 사이트에서 약 400만 건의 온라인 구매 거래를 진행한 4,000만 명의 사용자(중복 포함)에 대해 크리테오 코리아가 조사한 빅데이터 분석 결과이다.

소비자는 하나의 상품을 구매하기 위해서 총 12일 동안 총 6회에 걸쳐 관련 사이트를 방문한다고 한다.

이를 판매자의 입장에서 다시 이야기하면, A라는 고객에게 한 개의 상품을 팔기 위해 판매자는 A고객을 본인의 사이트에 12일 동안 6회 이상 방문을 시켜야 한다는 이야기가 된다.

결론적으로 이야기하면 우리는 광고비를 줄이기 위해 우리 홈페이지에 관심을 가지고 방문을 했던 고객을 재방문 시키는 마케팅을 해야 한다는 것이다. 이러한 광고를 리마케팅 광고라 부르며 리마케팅 광고를 진행하면 광고비를 현저하게 줄일 수 있다. 리마케팅 광고는 페이스북 픽셀을 홈페이지에 설치하고 홈페이지 방문자 맞춤 타겟을 생성하여 광고함으로써 가능해 진다.

맞춤 타겟과 유사 타겟 만들기

맞춤 타겟이란 내가 가지고 있는 고객 파일, 웹사이트 트래픽과 앱 활동 등을 기반으로 만든 고객파일과 페이스북 사용자를 매칭 시켜 만들어 내는 타겟이다. 맞춤 타겟을 만든 후 이를 활용하여 유사 타겟을 만들 수도 있다. 맞춤 타겟과 유사 타겟에 대해 자세히 알아보도록 하겠다.

맞춤 타겟 만들기

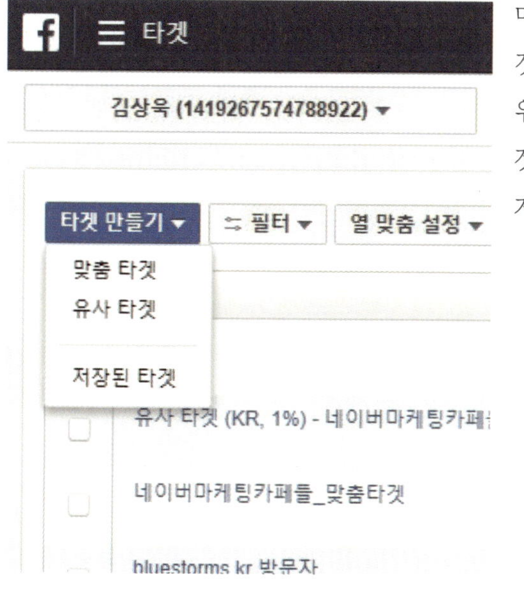

메인화면 광고관리자>타겟>타겟 만들기 순서로 클릭을 하면 위와 같이 맞춤 타겟과 유사 타겟을 만들 수 있는 버튼이 나오게 된다.

맞춤 타겟을 선택하고 위와 같이 맞춤 타겟을 만드는데 사용할 고객파일, 웹 사이트 트래픽, 앱 활동 등의 정보를 선택해야 한다. 고객 파일을 이용해 맞춤 타겟을 만들겠다고 선택을 하면 아래와 같은 화면이 나타난다.

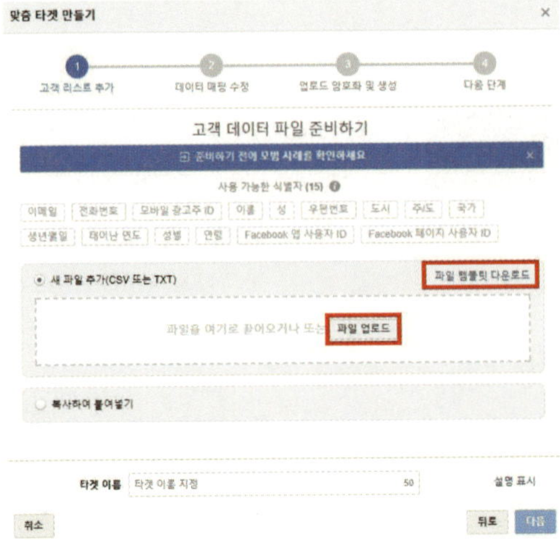

이 화면에서 파일 템플릿을 다운 받아 템플릿에 이메일이나 전화번호와 같은 고객 정보를 입력하고 파일 업로드를 한다. 그 다음 타겟 이름을 정하고 다음을 누르면 페이스북이 업로드한 고객 파일과 페이스북 사용자를 매칭하기 시작한다. 업로드한 고객 중 페이스북을 사용하는 사람들만을 선택하여 광고를 할 수 있도록 맞춤 타겟으로 만들어 준다.

유사 타겟 만들기

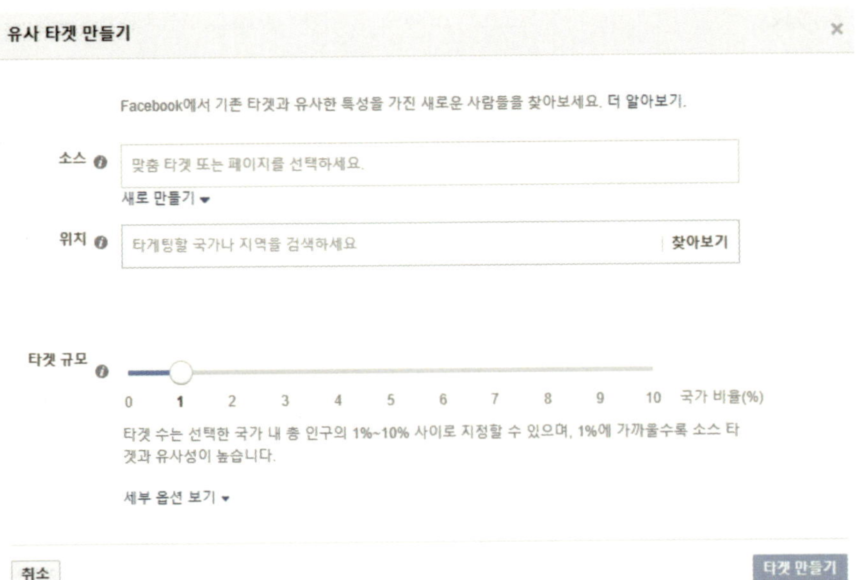

유사 타겟이란 맞춤 타겟 고객들의 특성을 기반으로 이와 유사한 성향을 가진 페이스북 사용자들을 선별하여 만든 타겟이다.

이 유사 타겟에 속한 사람은 맞춤 타겟에 속한 사람들과 유사한 성향을 가지고 있어 유사 타겟을 이용하여 광고를 하면 광고의 성과가 좋아진다.

유사 타겟은 맞춤 타겟의 양이 적을 경우 이를 늘리기 위해 사용한다. 유사 타겟은 맞춤 타겟을 기반으로 만들어지며 한 번이라도 맞춤 타겟을 만든 후에 만들기가 가능하다.

유사 타겟 만들기를 클릭하면 위와 같은 화면을 볼 수 있다. 소스 부분을 클릭하면 이제까지 본인이 만들었던 맞춤 타겟의 리스트가 보이게 된다. 양을 늘리고자 하는 맞춤 타겟을 선택하고 위치를 대한민국으로 설정한 후(대한민국 국민을 타겟으로 한다면) 타겟 규모를 설정하고 만들기를 누르면 유사 타겟이 만들어진다.

홈페이지에서 물건을 산 사람만을 대상으로 맞춤 타겟을 만들었고 이를 이용해 유사 타겟을 만들었다고 가정해 보자. 이 유사 타겟으로 광고를 할 경우 이 유사 타겟은 이미 물건을 구매한 고객들과 유사한 성향을 가지고 있기 때문에 불특정 다수에게 광고를 하는 것보다 훨씬 좋은 광고 성과가 나오게 된다.

페이스북 광고 타게팅 하는 법

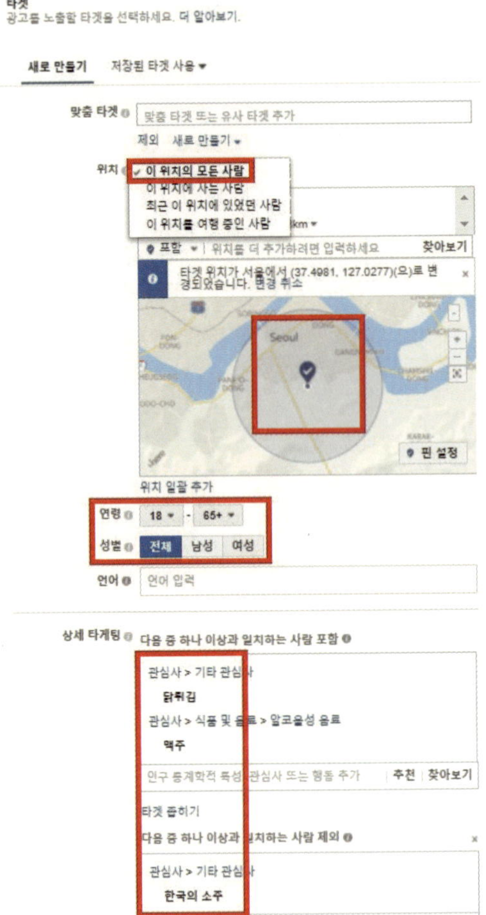

페이스북 광고를 세팅할 때 가장 처음 해야 하는 일이 타겟 설정이다. 페이스북 타겟 설정에 대해서 알아보도록 하겠다.

우리가 강남역에서 치킨집을 운영한다고 생각해 보자. 음식점의 특성상 매장과 가까이 있는 사람들이 치킨집의 고객이 될 것이다. 핀 설정으로 정확한 가게 위치를 선택할 수 있고 가장 상단 위치 탭을 이용하여 매장 주변 3km 내의 모든사람들에게 광고가 도달되도록 타겟을 설정할 수 있다.

연령과 성별, 관심사를 이용하여 타겟을 더욱 정밀하게 만들 수 있다. 치킨집의 특성상 사람들은 맥주와 함께 치킨을 먹고, 이 사람들은 소주를 싫어하며 25세~50세의 직장인들이 주를 이룬다고 가정해 보자.

그러면 연령을 25~50세로 설정할 수 있고 관심사를 이용하여 치킨과 맥주는 좋아하나 소주는 싫어하는 사람으로 타게팅을 할 수 있다.

타게팅을 할 때 주의할 점은 타게팅이 너무 정밀하면 광고를 도달 시킬 사람 즉, 타겟이 너무 작아진다는 점이다. 이럴 경우 광고금액의 소진이 늦어져 광고를 단기간에 많은 사람들에게 보여줄 수 없다.
페이스북 광고는 타게팅 된 사람들이 페이스북에 접속하여 뉴스피드를 볼 때 노출이 된다. 타게팅이 된 사람들이 페이스북에 접속을 하지 않으면 광고가 도달되지 않는 것이다. 광고를 하고자 하는 목적에 따라 적절하게 타겟을 설정하는 것이 좋다.

정밀 타게팅 노하우

페이스북은 페이스북 사용자들의 개개인의 행동 특성을 파악하여 이를 광고주가 광고에 활용하도록 도와준다. 이 상세 타게팅을 잘 활용하면 광고의 효과가 배가 된다.

상세 타게팅 항목에서 찾아보기를 누르면 위와 같이 선택 항목이 나온다. 이 선택 항목을 하나하나 눌러 보면 본인의 비지니스에 맞는 타게팅을 할 수 있다.

▼ | 인구 통계학적 특성

　▶ | 학력

　▶ | 집

　▶ | 중요 이벤트

　▶ | 부모

　▶ | 정치(미국)

　▶ | 결혼/연애 상태

　▶ | 직장

▼ | 관심사

　▶ | 가족 및 결혼/연애 상태

　▶ | 비즈니스 및 산업

　▶ | 쇼핑 및 패션

　▶ | 스포츠 및 야외활동

　▶ | 식품 및 음료

　▶ | 엔터테인먼트

　▶ | 취미 및 활동

▼ | 행동

　▶ | **Mobile Device User/All Mobile Devices by Brand/Apple**

　▶ | 구매 행동

　▶ | 기념일

　▶ | 다문화권

　▶ | 디지털 활동

　▶ | 모바일 기기 사용자

　▶ | 모바일 기기 사용자/기기 사용 시간

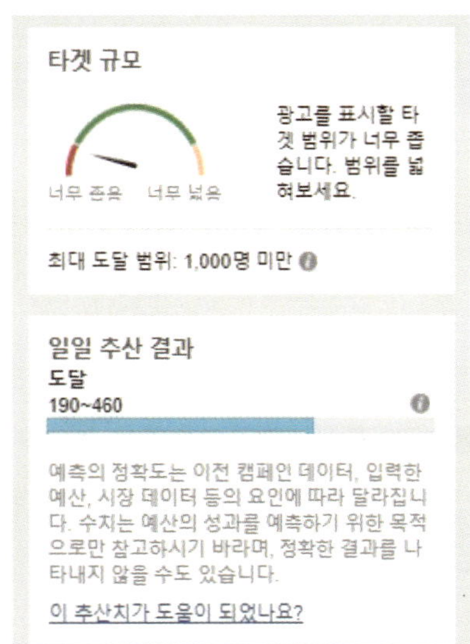

타겟을 설정하면 화면 우측에 이 이미지와 같이 내가 설정한 타겟 정보를 실시간으로 볼 수 있다. 광고를 통해 최대 도달할 수 있는 사람의 수와 일일 추산 도달 수가 표시된다.

광고에 필요한 시간과 일일 추산 결과를 비교하면서 적절한 타게팅을 하도록 하자.

광고 노출 위치 설정

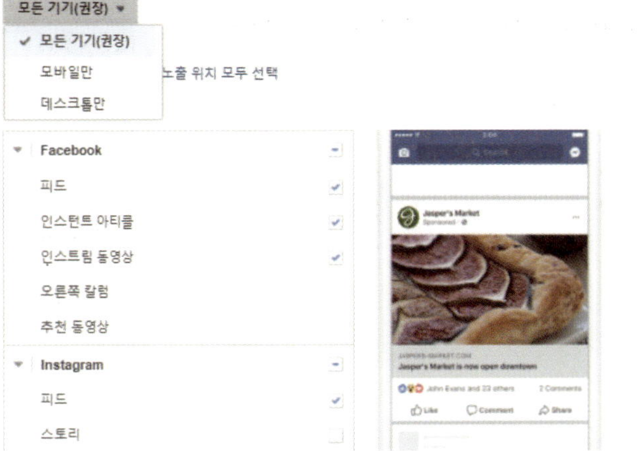

광고 세팅 시 광고가 노출될 위치를 선택할 수 있다. 자동 노출 위치로 선택을 하면 페이스북이 자동으로 가장 효과가 좋을 것으로 예상되는 위치에 광고를 노출시켜 준다. 초보자의 경우나 특별한 비지니스를 운영하지 않을 경우에는 자동 노출 위치를 선택하는 것이 좋다.

노출 위치를 수정하면 광고가 노출 되는 기기, 광고가 노출되는 매체를 선택할 수 있다.

잠재 고객 확보 광고하는 법

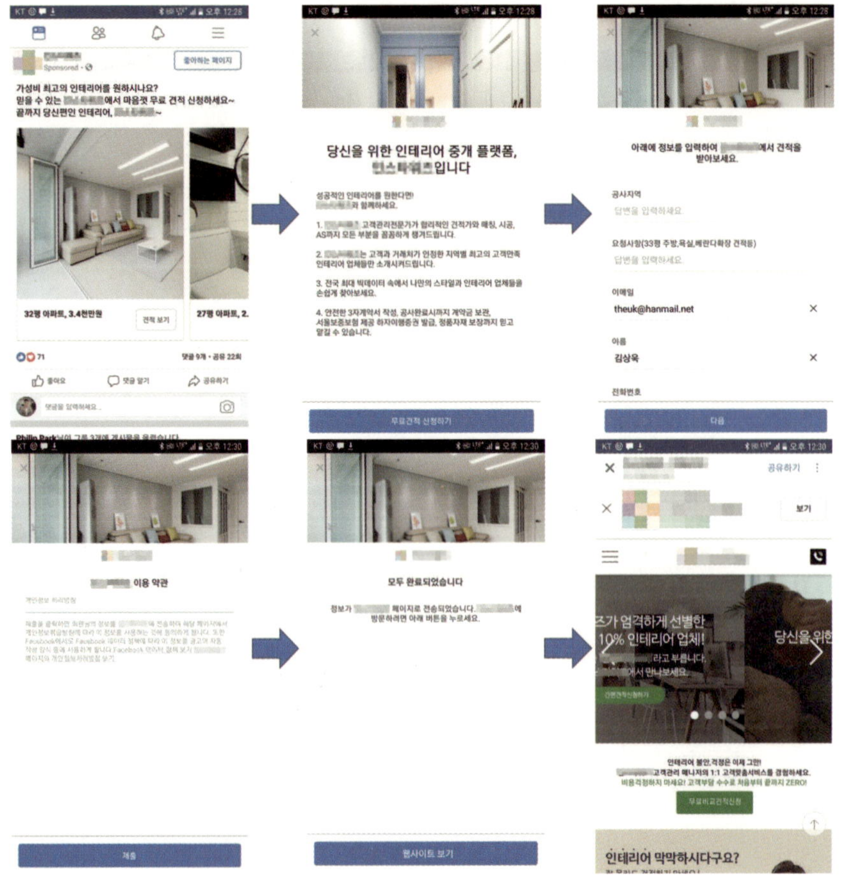

페이스북 광고의 이해를 돕고 광고 만들기에 대한 이해를 높이기 위해 페이스북 광고 중 고객 DB확보에 가장 효과가 좋은 광고인 잠재 고객 확보 광고의 세팅 방법에 대해 알아보도록 하겠다.

광고를 만들기 전에 메인 페이지 우측 내비게이션>결제 내역>결제>계정 설정에서 광고에 사용할 카드를 먼저 등록하기 바란다. 본인 카드가 아니더라도 상관이 없으며 해외 결제가 가능한 비자, 마스터, 아메리칸 익스프레스 카드를 등록할 수 있다.

잠재 고객 확보 광고는 설문지 형식의 광고로 고객의 정보를 획득하는데 아주 효과적인 광고이다.
위 이미지와 같이 광고를 클릭하여 고객이 설문에 참여하도록 유도한다. 고객이 설문에 참여를 하고 제출 버튼을 누르면 광고주는 원하는 고객의 DB를 얻을 수 있게 된다.

보통 설문지의 경우 고객은 본인의 이름, 연락처, 주소 등을 입력하기 귀찮아하거나 거부감이 들어 설문에 참여하지 않는 경우가 많은데, 잠재 고객 확보 광고의 경우 광고주가 받고자 하는 고객의 정보가 기본값으로 자동으로 입력(페이스북에서 가지고 있는 고객 정보가 자동으로 입력됨) 되기 때문에 고객들은 거부감 없이 설문에 참여하게 된다. 즉, 보통의 설문지보다는 훨씬 효과적으로 고객의 DB를 확보할 수 있다는 것이다.

아래 이미지를 보며 차례대로 설명을 해 보도록 하겠다. 참고로 페이스북 광고 중 잠재 고객 확보 광고가 실제 세팅하기에 가장 어려운 광고에 속한다. 잠재 고객 확보 광고에 익숙해지면 다른 광고는 아주 쉽게 세팅이 가능하다.

광고 만들기는 메인 페이지에서 우측 상단 화살표 표시를 클릭한 후 광고 만들기를 누르거나 광고관리자>광고만들기를 클릭하여 시작할 수 있다.

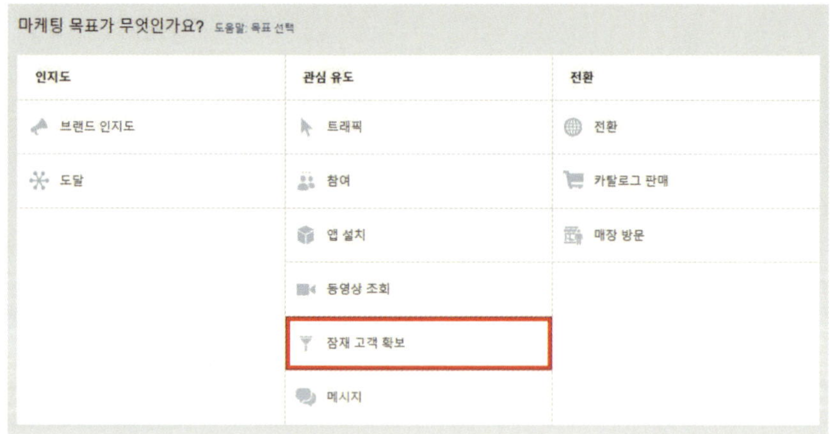

광고 만들기를 누르면 위와 같은 화면을 볼 수 있다. 이 화면에서 광고 목적에 맞는 여러 형태의 광고를 선택할 수 있다.

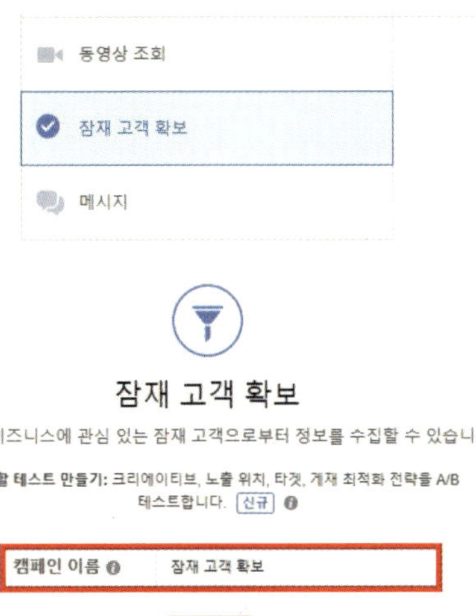

잠재 고객 확보 광고를 클릭하게 되면 위와 같이 캠페인의 이름을 입력하라는 메시지가 뜬다. 이름을 입력하고 계속 버튼을 클릭한다.

다음에 세팅해야 할 것은 광고를 진행할 페이지와 타겟이다. 어떤 페이지에 광고를 세팅할 것인지 선택하고 앞서 설명한 바와 같이 본인의 비지니스 성격에 맞게 타겟을 설정한다.

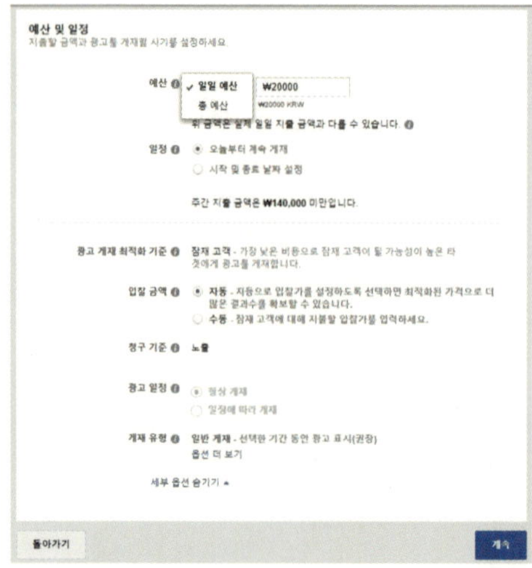

타겟을 설정한 후 바로 아래 부분을 보면 예산을 설정하는 부분이 나타난다.

예산의 경우 일일 예산을 설정할 수도 있고 기간별 예산 설정을 할 수도 있다. 예산 설정 후 계속 버튼을 누른다. 여기에 나타나는 단어들은 "i"자를 눌러 나타나는 설명을 참고하거나 페이스북 도움말 검색을 통해 그 기능을 알 수 있다.

위 화면에서는 광고가 나갈 페이지와 광고 계정을 선택한다. 그리고 설문지 겉표지의 형식을 선택해야 하는데 슬라이드, 단일 이미지, 동영상 등의 여러 형식을 선택할 수 있다.

설문지 겉표지에 들어갈 형식을 선택한 후 광고에 들어갈 문구, 링크, 제목을 입력하고 행동 유도 버튼을 선택한다.

각각의 항목을 입력하면 실시간으로 우측 화면이 바뀌어 실제 모바일에서 어떻게 광고가 보일지를 확인할 수 있다.

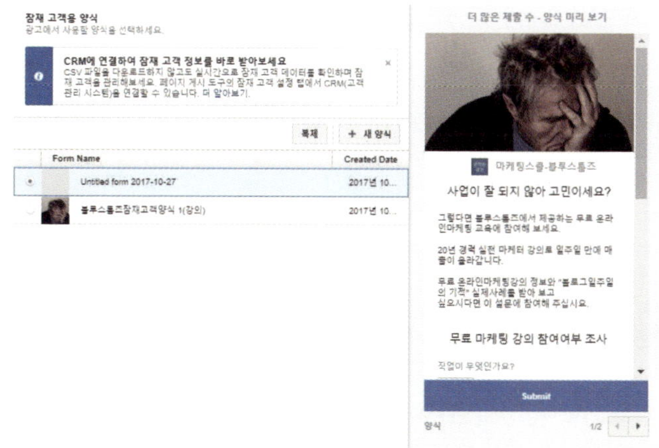

마지막으로 해야 하는 일은 잠재 고객 양식을 만드는 일인데 이미 만들어 놓은 양식이 있다면 리스트에 표시가 된다. 만들어 놓은 양식을 다시 사용할 수도 있고 새 양식을 눌러 양식을 새롭게 만들 수도 있다.

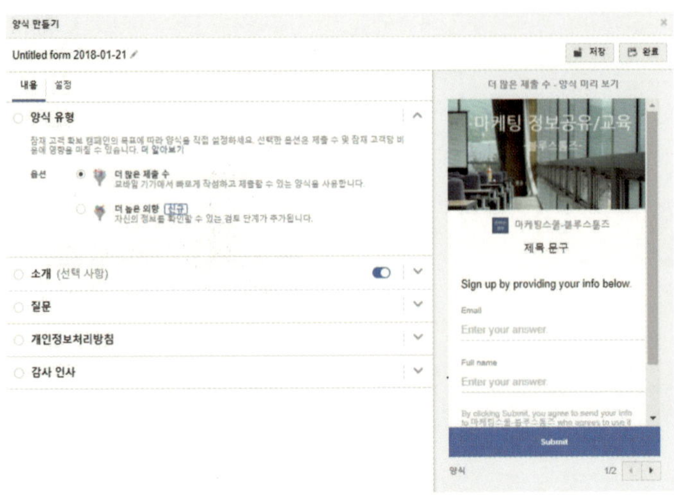

새 양식 버튼을 누르면 위와 같은 화면이 나오는 데 양식 유형, 소개, 질문, 개인정보처리방침, 감사 인사 등을 입력해야 한다. 차례대로 입력을 마치면 양식이 만들어지게 된다. 양식이 완성되면 페이지 하단 확인 버튼을 클릭하여 잠재 고객 확보 광고 만들기를 마무리할 수 있다.

잠재 고객 확보 광고를 하려면 개인정보처리방침이 있는 웹 페이지 주소를 입력해야 하므로 미리 준비해 놓는 것이 좋다. 만약 개인정보처리방침이 없다면 포털사이트에 "개인정보처리방침 만들기"라고 검색을 하고 국가에서 운영하는 "개인정보보호 종합포털" 사이트에 방문하면 쉽게 개인정보처리방침을 만들 수 있다.

다음 페이지 이미지의 내용은 필자가 잠재 고객 양식에 입력한 내용이다. 이미지와 첫 내용으로 시선을 사로잡는 것이 중요하고 무료로 무언가를 주어 설문에 참여하도록 하는 것, 그리고 질문을 간소화하여 제출하기 버튼을 쉽게 누르도록 하는 것이 잠재 고객 확보 광고의 포인트이다.

이렇게 잠재 고객 확보 광고를 통해 모인 고객DB는 광고를 진행했던 페이지 상단 게시도구>양식라이브러리에서 다운로드가 가능하다.

소개

제목 : 사업이 잘 되지 않아 고민이세요?

그렇다면 블루스톰즈에서 제공하는 무료 온라인 마케팅 교육에 참여해 보세요.

20년 경력 실전 마케터 강의로 일주일 만에 매출이 올라갑니다.

무료 온라인 마케팅 강의 정보를 받아 보고 싶으시다면 이 설문에 참여해 주십

시오.

질문

제목 : 무료 마케팅 강의 참여 여부 조사

직업이 무엇인가요? 사업자 / 직장인 / 주부 / 기타

무료 온라인 마케팅 교육이 필요하신가요? 예 / 아니요

개인정보취급방침

http://bluestorms.kr/bbs/register.php

감사 인사

설문에 참여해 주셔서 감사합니다.

무료 교육에 대한 안내 자료와 일정, 블로그 운영 자료를

메일로 보내 드리겠습니다.

마케팅 아카데미 홈페이지 방문 클릭!!

http://bluestorms.kr

게시물 홍보 하는 법

페이스북 광고 중 가장 세팅하기 쉬운 광고가 '게시물 홍보하기'이다. 게시물 홍보하기 광고를 이용하여 콘텐츠를 확산시키는 방법을 알아보도록 하겠다. 이 광고는 블로그, 카페, 홈페이지에 작성한 글을 유료 광고를 통해 더 많은 사람들에게 알리고자 할 경우에 이용하면 좋다. 멀티이미지포스팅 방법을 사용하여 포스팅을 한 후 아래와 같은 순서로 홍보를 진행하면 된다.

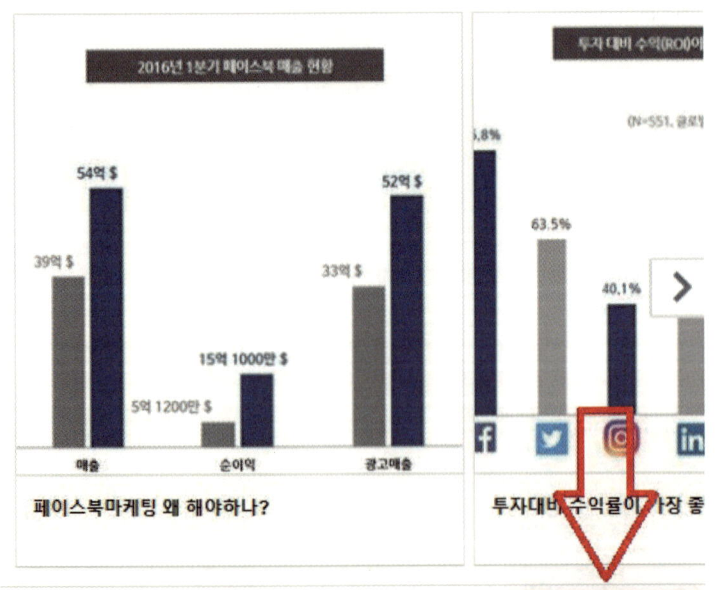

관리자로 로그인하여 페이지에 방문하면 게시물마다 위와 같이 게시물 홍보하기 라는 버튼이 보인다. 이 버튼을 클릭하여 게시물 홍보하기를 시작할 수 있다.

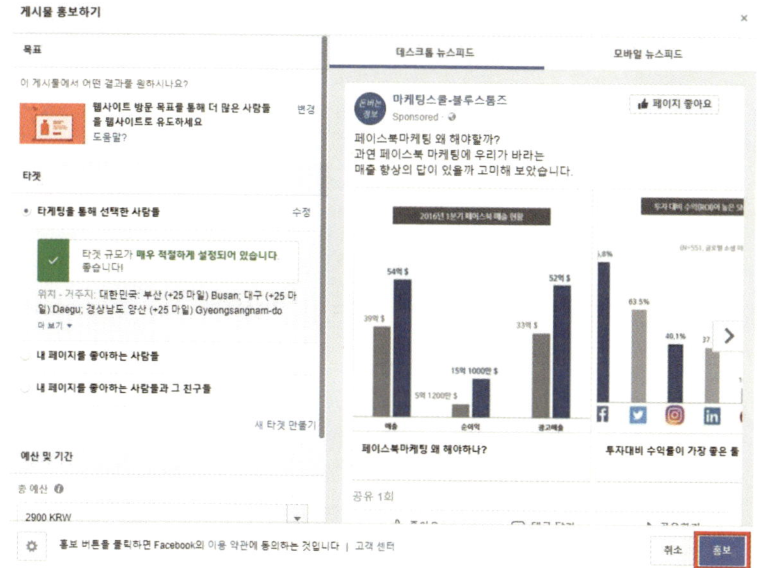

위와 같은 팝업 창이 뜨면 앞서 설명한 잠재 고객 확보 광고처럼 타겟과 예산을 설정하고 홍보하기 버튼을 눌러 게시물을 홍보할 수 있다.

페이스북 메인화면>광고관리자를 선택하면 위와 같이 광고관리자 메인 화면을 볼 수 있다. 이 화면에서 새로 생성된 광고의 진행 여부, 광고 수정/복사, 광고 성과 분석 등을 할 수가 있는데 생성한 광고의 정상 진행 여부도 이곳에서 확인하고 컨트롤할 수 있다.

캔버스 광고

페이스북 캔버스 광고를 소개한다. 제품이나 서비스에 대한 스토리를 전달하기에 적합한 이 광고는 모바일에 최적화된 환경을 통해 전체 화면에 크리에이티브를 빠르게 표시하고, 넓은 공간에 동영상, 이미지, 문구를 자유롭게 구성할 수 있다는 장점이 있는 광고이다.

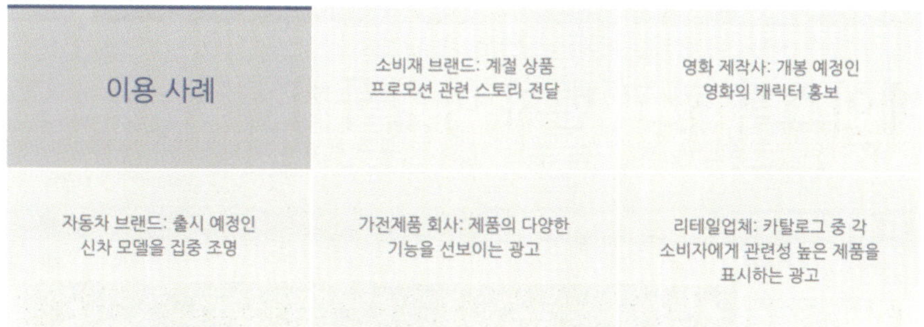

캔버스 광고는 문구, 이미지, 동영상, 360도 동영상을 조합하여 페이스북 앱을 떠나지 않고도 모두 보여줄 수 있다는 것이 장점이다.

캔버스 광고는 광고 세팅 중 형식을 선택하는 부분에서 "캔버스 추가"를 누르고 세팅하면 된다.

페이스북이 제공하는 템플릿을 활용하거나 기존의 템플릿 사용 또는 직접 제작이 가능하다.

페이스북 광고 벤치 마킹하기

위 이미지는 필자가 뉴스피드를 보며 벤치마킹할 만한 광고를 저장하기 위해 별도로 만들어 놓은 "광고저장소-온라인마케팅스쿨"이라는 페이지의 메인 화면이다.

온라인 마케팅에 있어 마케팅 툴의 사용법을 익히는 것보다 중요한 것은 광고 아이디어를 내는 일이다. 같은 광고비용을 지출하더라도 광고 속에 들어가 있는 문구나 이미지, 동영상, 이벤트 등에 의해 광고의 성과는 천차만별로 달라질 수 있다.

그런데 이런 아이디어를 찾는다는 것이 쉬운 일이 아니다. 아이디어가 떠오르지 않을 때는 벤치마킹을 통해 힌트를 얻을 수 있다. 그래서 필자의 경우는 시간이 날 때 뉴스피드를 살피며 벤치마킹할 만한 광고나 콘텐츠를 광고를 만들 때 참고할 수 있도록 별도의 페이지를 만들어 공유해서 저장해 놓는다.

현재 뉴스피드에는 8개 소식 당 한 개의 광고가 보인다. 마케터라면 이런 광고를 무심코 지나쳐서는 안 된다. 그리고 타업종의 광고에 더 집중할 필요가 있는데 사업자가 본인의 사업에만 집중을 하다 보면 참신함을 잊어버리는 경우가 많기 때문에 타 업종의 광고에서 기발한 아이디어를 얻을 필요가 있다.

광고 이외에도 반응이 좋은 콘텐츠에도 관심을 가질 필요가 있다. 광고처럼 보이지 않는 광고가 최고의 광고이기 때문이다.

광고에는 "Sponsered"라는 글자가 희미하게 보인다. 벤치 마킹할 가치가 있다고 여겨지는 컨텐츠나 광고가 있으면 아래와 같은 순서로 별도의 페이지에 공유를 해서 저장해 놓도록 하자.

저장하고자 하는 게시물이 보이면 우측 하단의 "공유" 버튼을 클릭한다.

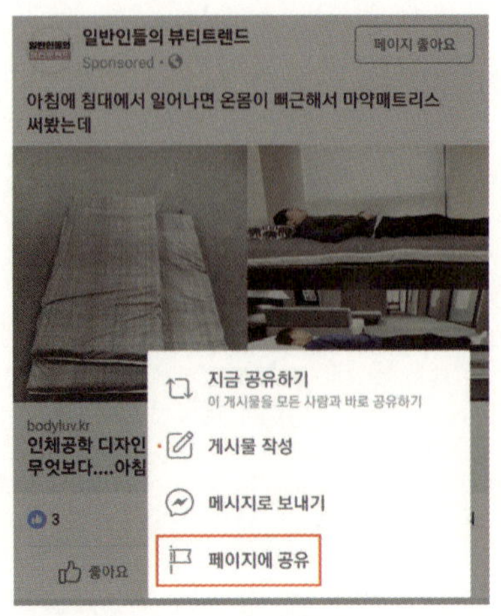

위 이미지와 같이 팝업창이 나타나면 "페이지에 공유"를 클릭한다.

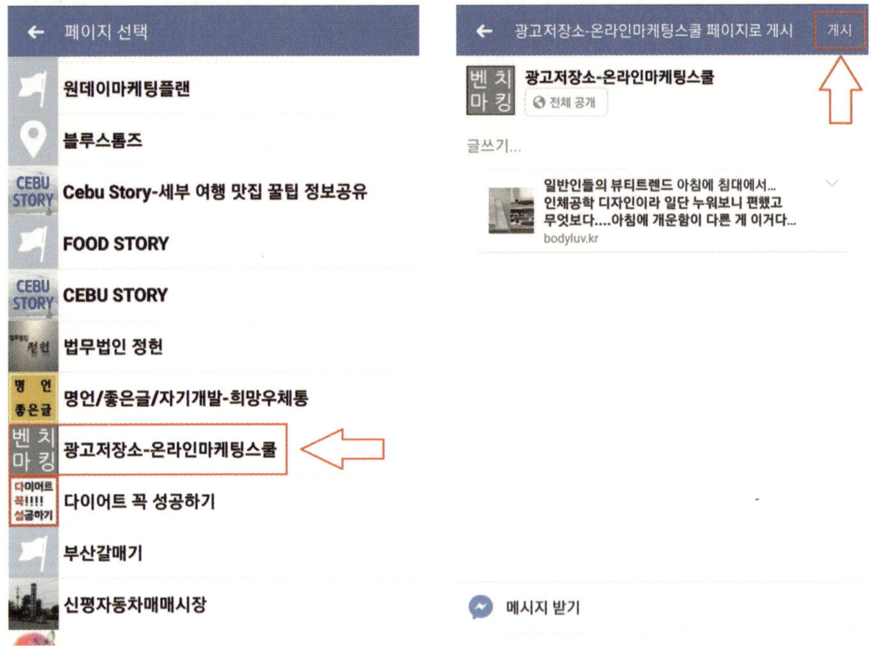

본인이 관리하고 있는 페이지의 목록이 나타나면 광고를 저장할 페이지를 선택한다. 저장할 페이지에 광고가 올라가면 "게시"를 눌러 마무리를 한다. 이때 광고를 보며 영감을 받은 내용을 글쓰기 란에 글을 써서 나중에 보아도 공유를 할 때 받은 영감을 기억해낼 수 있도록 한다.

매출 자유 조절 단계

매출 자유 조절 사례 1

반복, 보완, 추가의 과정을 통해 매출 자유 조절 단계에 이를 수 있다. 성공적으로 진행되었던 광고는 계속적으로 "반복"하고, 성과가 미진했던 광고는 버리지 말고 성과를 분석하여 성공적인 광고가 될 수 있도록 "보완"한다. 그리고 기본적으로 사용하는 마케팅 툴 외에 새로운 마케팅 툴의 사용법을 익히고 마케팅 플랜에 "추가"하여 매출을 극대화 시켜야 한다.

성공적인 이벤트는 사업을 단시간에 성공에 이르게 하고 매출을 자유롭게 조절할 수 있도록 한다. 필자가 직접 기획하고 진행한 중고차 매매상사 매출 자유 조절 사례를 소개하도록 하겠다.

[제36차]10만원중고차경매-준중형라세티 1.6 MAX (2016년 6월 17일~23일)

안녕하세요. 중고차 가이드입니다.

제 36차 10만원 중고차 경매 진행합니다.

10만원 중고차 경매는 운전연습용 또는 단순출퇴근용으로 저렴한 차량을 찾으시는 분들을 위해 회원들이 자유롭게 금액을 늘려가며 시세보다는 저렴하게 구입하실 수 있도록 재미를 더한 중고차 가이드만의 이벤트입니다.

저번 35차 아반떼 경매에서는 매매시세보다 무려 120만원 저렴하게 낙찰이 되어 회원님이 기분 좋게 인수해 가셨습니다.

이번 경매 차량은 라세티 차량입니다. 아래 차량 정보 보시고 이번 경매에도 많은 관심 가져 주시면 감사하겠습니다.

연일 날씨가 상당히 덥습니다.

더울 때도 사람과 차 모두 관리가 중요합니다.

몸도 차도 체크하셔서 올 여름 건강하게 보내시기 바랍니다.

감사합니다.

카페글 내용

경매 참여 댓글

위 내용은 카페에 올린 이벤트 내용이다.

중고차를 10만 원부터 시작해 1만 원씩 금액을 증가시키며 경매를 진행하여 정해진 기간 내에 가장 높은 가격을 댓글로 적은 사람에게 중고차가 낙찰된다는 내용의 이벤트이다.

페이스북에 올린 경매 글

위 이미지는 카페에 올린 경매 내용을 줄여 페이스북에 옮긴 글의 모습이다. 페이스북에 글을 올린 후 타게팅하여 광고를 진행하였다.

철인28   준회원   1

· 지식iN답변 0   · 등급변경일   · 활동정지 -

1. 반갑습니다. 가입경로 and 거주 지역은요?(예:페이스북,검색,소개,문자/ 부산살아요)
   페이스북/부산
2. 어디에 관심이 있으신가요?그리고 시기는 언제로 잡고 계시나요?(판매,구입,판매+구입, 할부구입 등/6월말)
   판매 3월쯤 생각하고 SUV로 바꿀 생각입니다.
3. 구입과 판매할차 종류는요?(차종,년식,사양,색깔,예산,7월 등 상세하게 적어주시면 좋습니다^^)
   k7, 14년, 흰색, 프레스티지, 왼쪽휀다 사고로 교환 했음, 타이어교육 한달 전에 했음
4. 전화번호 남겨주세요~최저가 매물 입고 시 연락 드리며 "중고차가이드북" 무료로 드립니다.
   010-

카페 가입 질문과 답변

페이스북에서 이 광고를 본 사람들은 이벤트의 내용이 궁금하여 더보기를 누르고 카페 글 링크를 클릭하게 된다. 링크 클릭 시 네이버 로그인 창이 팝업으로 뜬다. 로그인을 하면 카페에 가입하라는 메시지가 다시 팝업으로 뜬다. 사람들은 경매에 대한 자세한 내용을 보기를 원하므로 기꺼이 로그인과 카페 가입을 하게 된다.

카페 가입 시 "중고차 가이드북"을 무료로 준다는 내용을 카페 가입 질문에 넣어 회원들이 자연스럽게 전화번호를 남기도록 유도했다. 중고차 매매상에게 가장 중요한 정보는 회원이 살고 있는 지역과 연락처이다.

이벤트와 정밀한 타게팅 효과로 가입한 회원의 90% 이상이 성실하게 가입 질문에 답하고 카페에 가입하였다.

이러한 이벤트성 광고로 매매상은 월 2~300만 원의 광고 비용으로, 실제 중고차를 매매할 실고객의 데이터를 월 1,000개 이상 확보할 수 있었다. 2~300만 원의 페이스북 광고비용은 수익에 비해 아주 적은 비용으로 성공적인 이벤트 사례라 볼 수 있다.

이 중고차 매매상은 이런 성공적인 이벤트를 3개 이상 만들고 진행하여 매출을 자유자재로 조절하는 단계에까지 이르러 엄청난 매출을 올릴 수 있었다.

광고비를 줄이고 늘림에 따라 고객DB의 양이 달라지고, 실제 매출의 양도 달라지는 성공적인 매출 자유 조절 사례라 할 수 있다.

옆 이미지는은 핸드폰에서 광고관리자에 접속한 화면이다. 이 화면에서 터치 한 번으로 이미 세팅해 놓은 페이스북 광고를 켜고 끌 수 있다. 핸드폰으로 언제 어디서든 광고를 컨트롤하며 매출을 조절할 수 있다.

매출 자유 조절 사례 2

안녕하세요. ○○○학원입니다.

이번에 저희 학원에서는 "공부 잘하는 아이 키우기"라는 주제로 세미나를 개최합니다.

강압적으로 아이들에게 공부를 강요한다고 해서 아이들의 성적이 오르는 것은 아닙니다. 아이들 스스로가 공부를 해야 된다는 생각을 가질 수 있도록 동기부여를 해 주는 것이 먼저입니다.

나아가 공부를 어려워하는 학생들이 혼자서 공부를 해 나갈 수 있도록 기초실력을 키워 공부에 재미를 붙일 수 있도록 하는 것이 중요합니다.

20년간의 강의 노하우로 부모님이 아이들을 공부 잘 하는 아이로 키울 수 있는 방법을 알려 드리겠습니다. 관심 있는 부모님의 많은 참여 바랍니다. 감사합니다.

국영수 학원을 운영하는 사업자를 컨설팅한 적이 있다. 이 학원의 원장은 20명 정도의 학생을 더 모집하고 싶어 했다. 학생 등록은 대부분 학원 등록의 결정권을 가지고 있는 학부모들과의 상담을 통해 이루어진다고 했다. 마케팅 목표는 학원장과 학부모가 만나는 자리를 만들어 학원장의 교육에 대한 노하우를 학부모들에게 피력하게 하는 것이었다.

필자는 학부모들과의 만남을 성사시키기 위해 세미나 개최를 권유하였다. 그리고 정확한 세미나 참석인원을 확인하고 고객의 DB를 확보하기 위해 페이스북 잠재 고객 확보 광고를 실시하였다.

이 학원장의 경우 본인이 학부모와 상담을 하면 상담한 학부모 중 거의 70%가 학원 등록을 한다는 경험치를 가지고 있었다. 상담 성공률을 50%로 안정적으로 잡고 40명의 부모가 세미나에 참석할 수 있도록 페이스북 잠재 고객 확보 광고를 실시하였다. 참석하고자 하는 학부모가 40명이 될 때까지 광고를 지속적으로 진행하였고 10일 만에 40명의 세미나 참석인원을 모을 수 있었다. 그리고 학원장은 세미나 후 학부모들과의 상담을 통해 20명이 넘는 학생을 등록시킬 수 있었다.

광고비용은 불과 10만 원 남짓 소진되었는데 이렇게 적은 광고 비용으로 40명의 학부모를 세미나에 참석시킬 수 있었던 것은 정확한 타게팅 덕분이었다. 다음 이미지를 보도록 하자.

타게팅은 상세 타게팅>인구 통계학적 특성>부모>모든 부모>십대(13~18세) 자녀가 있는 부모 순서로 타게팅을 하였다. 중고등학생 자녀를 둔 부모가 타겟인 사업을 한다면 무엇보다 정확한 타게팅이 아닐 수 없다.

이 학원장의 경우 성공적으로 진행한 이 이벤트를 계속적으로 진행할 수가 있다. 그리고 이 광고는 이미 세팅이 되어 있으므로 핸드폰으로 광고를 켜고 끄면서 매출과 직결된 광고의 수위를 자유롭게 조절할 수가 있다.

마케팅은 항상 남들이 하지 않은 새로운 것을 시도하는 것이 중요하다. 남들이 이미 진행한 광고는 식상해져서 더 이상 고객들의 마음을 움직일 수가 없다. 위 사례처럼 무료 세미나와 같은 이벤트로 광고를 만들었을 때 광고의 성과는 배가 된다.

마케팅 툴은 누가 어떻게 사용하느냐에 따라 결과는 엄청난 차이가 나게 된다. 항상 새로운 것을 시도하는 자세가 필요하다 하겠다.

게시물 / 광고 성과 분석하기

관리자로 페이지에 접근하여 게시물을 보면 각각의 게시물 하단에 몇 명에게 게시물이 도달되었는지 확인할 수 있다. 도달 인원을 클릭하면 게시물 성과에 대한 상세한 정보를 볼 수가 있다. 좋아요, 댓글, 공유 등이 몇 개인지 클릭 수는 몇 개인지 등을 알 수 있다. 게시물을 올리고 매번 성과를 분석하다 보면 좋은 게시물을 올릴 수 있는 감각이 생기게 된다.

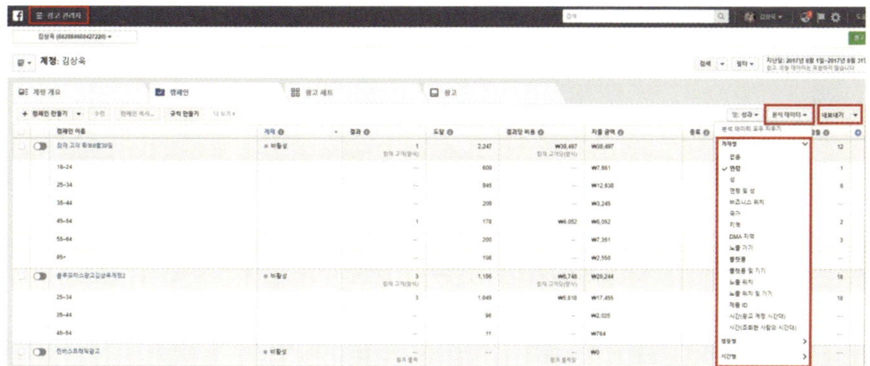

또한 광고관리자>광고선택>분석데이터에서 성과를 분석할 광고를 선택 후 분석 항목을 선택하면 항목별로 광고가 어떤 성과를 냈는지 확인할 수 있다. 예를 들어 해당 광고가 어떤 연령층과 성별에게 더 효과가 있었는지 등의 분석이 가능하다. 이 분석 결과를 토대로 우리는 광고의 세팅을 보완하여 더 나은 광고를 만들어 낼 수 있다.

새로운 마케팅툴을 익히는 법

새로운 마케팅을 익히는 세 가지의 방법을 소개하겠다. 그 첫 번째는 웹 서핑을 통하거나 해당 마케팅 툴의 홈페이지, 고객센터를 통해 정보를 얻는 방법이다. 그리고 두 번째는 관련 서적을 사서 읽는 것이고, 세 번째는 관련 강의를 듣는 것이다.

마케팅 툴을 익히려고 마음만 먹으면 책을 사거나 강의를 듣지 않아도 된다. 해당 마케팅 툴의 홈페이지나 검색을 통하거나 고객센터와의 상담을 통해 상세한 사용법을 알아낼 수 있기 때문이다.
하지만 필자는 책이나 강의를 겸하라도 충고하고 싶다. 왜냐하면 책이나 강의에는 해당 마케팅 툴을 사용하며 쌓은 노하우가 담겨있기 때문이다. 사실 마케팅 초보자들은 마케팅 툴의 사용법을 안다고 해서 실전에 그것을 바로 적용하기가 힘들다.

실제 필자의 페이스북 강의를 들은 학생 중에는 다음과 같은 케이스가 많다. 거의 일 년 정도 사업을 위해 페이스북을 사용해온 학생이 있었다. 영업 사원이었던 이 학생은 애초 페이스북을 마케팅을 하기 위해 시작했다고 했다. 검색을 통해 페이스북의 기능에 대해 익히고 페이스북을 시작하게 된 경우였다.

강의 전에 어떻게 페이스북을 사용해 왔는지 물어보았다. 페이스북 친구의 경우 350명 정도가 있고 실제 아는 사람들과 친구관계를 맺고 있었으며 타임라인을 통해 친구들에게 본인 회사의 상품 소개 등의 홍보도 하고 있다고 했다.

하지만 이 학생은 페이스북을 잘 활용하지 못하고 있었고 공든 탑이 하루아침에 무너져 내릴 큰 실수를 저지르고 있었다.

페이스북 친구는 5,000명까지 맺을 수 있는데 350명에 그쳤다는 점이 아쉬운 점이다. 물론 실제로 아는 사람들과 소통을 하기 위함이라고는 하나 비지니스 목적으로 페이스북을 사용하기로 결심한 이상 아는 사람들하고만 소통을 할 필요는 없다. 타겟 고객과 적극적으로 친구를 맺고 이들에게도 나의 소식을 알렸어야 했다.

그리고 이 학생이 했던 중대한 실수는 개인계정에서 상업적 활동을 하고 있었다는 점이다. 개인계정에서 상업적 홍보를 하면 어느 날 갑자기 개인계정이 사라지게 된다. 이 사실을 모르고 상업적 활동을 하는 사람들이 많은 데 보통 이런 사람들은 페이스북 약관을 읽지 않은 사람들이다. (사실 거의 모든 사람들이 읽지 않는다).

페이스북에서 상업적 활용을 하려면 페이지를 이용한다. 페이지를 이용하면 친구(팬)의 수를 무제한 늘릴 수 있고 효과적인 광고 기능도 활용할 수 있다.

이렇듯 혼자서 알아보고 마케팅을 하는 사람들은 효율적으로 마케팅 툴을 사용하지 못하거나 잘못된 방법으로 마케팅을 진행할 가능성이 크다. 혼자서 독학으로 마케팅 툴을 공부하더라도 관련 서적을 읽거나 강의를 들으라는 이유가 여기에 있다. 그리고 책이나 강의에는 해당 마케팅 툴의 사용법은 물론 이 툴을 실전에 적용한 성공사례도 함께 실려 있다.

관련 서적을 읽었더라도 강의를 추가로 듣길 바란다. 그 이유는 책과 강의에는 큰 차이점이 있기 때문이다. 책을 읽고 강의를 들으면 내용이 많이 다르다는 것을 알 수 있다.

그것은 책에는 담을 수 없는 은밀한 내용들이 강의에서는 공개되기 때문이다. 실제 필자도 이 책에 필자가 알고 있는 알짜 노하우들을 모두 담지 못하고 있다. 그 노하우라는 것은 아주 효과가 좋지만 누구에게는 영업방해 등의 피해를 줄 수 있는 아주 은밀하고 민감한 내용들이기 때문이다.

책 구입 비용과 강의 수강 비용을 아까워하는 사람들이 많은데 이런 사람들을 위해서는 이런 충고를 해 주고 싶다. 어떤 이든 사업을 시작할 때 연봉 1억 정도가 되기를 꿈꾼다. 연봉이 1억인 사람은 한 달에 순수익이 1,000만 원 이상 된다. 한 달에 20일 일한다고 가정했을 때, 하루 50만 원 정도의 고수익을 만들어 내는 사람이다. 말 그대로 시간이 황금 같이 소중한 사람들이다. 책이나 강의를 들으면 최소 100시간에서 1,000시간을 절약할 수 있다. 이렇게 엄청나게 시간을 절약할 수 있는 일에 하루 일급도 안 될 돈을 아끼지 말도록 하자.

필자는 마케팅을 공부하기 위해 많은 책을 읽었고 전국의 거의 모든 마케팅 강의를 들었다. 마케팅과 관련 된 좋은 책을 읽거나 강의를 들을 때면 "사업을 성공시킬 수 있겠다"라는 기대감에 가슴이 뛴다. 하지만 막상 현장에서 마케팅을 진행해 보면 그렇게 쉽게 효과가 나지 않았다.

여러분은 마케팅이 쉽다고 생각해서는 안 된다. 사업이 책 몇 권 읽고 강의 몇 번 들은 것으로 성공할 수 있다면 세상에 성공하지 못하는 사람이 어디 있겠는가?

마케팅은 끝없는 시행착오 속에서 하나의 성공적인 사례를 만들어 내는 과정이다. 여러분이 책이나 강의에서 읽거나 듣는 내용은 그저 하나의 마케팅 툴의 사용법에 대한 설명이나 몇 개의 성공 사례일 뿐이다.

필자는 이 책에 특별함을 부여하기 위해 한 가지 고백을 하도록 하겠다. 필자가 지금까지 쓴 내용으로 여러분이 사업에 성공할 확률은 그리 높지 않다. 하지만 그 확률을 조금이라도 높이기 위해 마지막 글을 쓰고 있다.

필자는 한 가지 일을 성공시키기 위해 50~100번 정도의 광고를 세팅하고 시험해 본다. 그중 한 가지의 광고가 성공하면 사업의 절반은 성공하게 되고 성공적인 광고가 2~3가지 정도 되면 사업이 성공에 이른다. 이때 계속적으로 성공적인 광고를 만들어 내거나 새로운 마케팅 툴을 추가하면 매출을 극대화 시킬 수 있다.

한 가지의 광고를 성공시키기 위해서 50~100번 정도의 광고를 세팅하고 테스트한다는 사실에 주목해 주기 바란다. 필자는 아침에 일어나서부터 잠들 때까지 내 상품과 고객 사이에서 마케팅을 어떻게 할 것인지 끝없이 고민한다.

2~3가지의 광고만 성공을 해도 사업을 성공시킬 수 있다. 사업을 성공시키는 데 필요한 광고가 고작 2~3개라면 그 광고의 질은 어떠하겠는가? 마케팅을 절대 쉽게 생각해서는 안 된다. 책 몇 권, 강의 몇 번 들었다고 사업을 성공시킬 수 없다.

사업 성공을 위해서는 먼저 어떠한 마케팅 툴을 언제 어떻게 사용할 지에 대한 마케팅 플랜을 만들고 이에 필요한 마케팅 툴의 기능을 익힌 후 끊임없이 참신한 광고를 만들어 내어야 한다.

그리고 마케팅을 절대 남에게 미루어서는 안된다. 필자는 사업자들이 직원이나 대행사에 회사의 운명이 걸린 마케팅을 떠 넘기는 상황을 많이 접한다.
직원에게 마케팅을 맡기면 직원은 열심히 해야 겠다는 생각에 앞서 부담을 먼저 느끼게 된다. 그리고 대행사에 마케팅을 맡길 경우 대행사의 대부분이 사업에 대한 이해가 부족하여 효과적인 광고를 만들어 내지 못한다.
사업은 사업마다 그 특성과 상황이 다양하여 그 누구도 여러분의 상황에 딱 맞게 마케팅을 진행해 줄 수 없다. 오직 사업을 운영하고 있는 여러분의 머리 속에서만 참신한 아이디어가 나올 수 있기 때문에 본인이 직접 나서서 마케팅을 진두지휘해야 한다.

성공적인 광고를 만들기 위한 한 가지 팁을 알려 주자면 마케팅을 게임처럼 해 보라는 것이다. "연습은 실전처럼 실전은 연습처럼 하라"는 이야기가 바로 이런 의미의 이야기일 것이다. 힘들고 지쳐 굳어 있는 사업자의 머리에서는 절대 참신한 마케팅 아이디어가 나올 수 없다.
친구와 술자리를 가질 때나 뜨거운 욕조에 몸을 담글 때, 또는 길을 걷다 갑자기 스치는 생각이 좋은 생각이다.

그리고 좋은 아이디어가 떠올랐다면 당장 액션을 취하길 바란다. 경쟁사가 나를 미쳤다고 이야기할 정도의 마케팅이라도 서슴없이 시도해 보길 바란다. 남들로부터 오는 격한 반응은 내가 진행할 마케팅이 이제껏 누구도 시도해 보지 않은 참신한 아이디어라는 것을 증명해 주는 것이다.

마케팅을 항상 연구하고 새로운 광고를 시도하여 사업에 성공하는 여러분이 되길 바란다.